はじめに

　私は子どもが好きで教師という仕事を続けてきました。教室で勉強したり友だちと遊んだりして，日に日に成長していく子どもたちの姿を見るのが大好きです。自分の指導によって，子どもが成長していくことに喜びや生きがいを感じてきました。
　そして，現在私は管理職として，学校全体を見渡して子どもたちの成長に関わるようになりました。最近では，若い先生方の指導にも力を注ぐようにもなりました。担任時代とは異なった立場から，子どもの教育や指導について考えることができるようになりました。

　特にここ数年間は，情報公開や危機管理の徹底をはじめとした，教育をとりまく環境の変化によって，学校現場は年を追うごとに多忙になっています。対教師暴力やいじめをはじめとする，問題行動を起こす子への対処，教育に過剰なまでにサービスを求める保護者への対応，後から後からやってくる報告文章の処理……。それらが原因で，学校が最も大切にしなくてはならないはずの，授業や生徒指導に力を注ぐ時間が奪われています。現場の教師たちが，子どもの指導とは直接関係ない様々な雑務に追われ，疲弊しきっています。子どもを見つめ，じっくり向き合う余裕も，子どもを指導する自信もなくしています。そのような状況の中で，教師の悩みを理解し支援しながら，教師としての指導力や資質を育てていくことが，現在の管理職には強く求められています。ところが，教師の指導のために割くべき管理職の時間もまた，教育委員会等への報告書類やトラブル対応に充てざるを得ない現状があります。

　現在，多くの学校がこのような状況にある今だからこそ，私たち自身が「仕事に対する意識を変える」という自己変革を行わなくてはなりません。くしくも，2015年から，政府は「長時間労働・残業などの悪しき慣習が日本経済の足を引っ張って生産性低下の原因になっている」という考えのもと，『働き方改革』に積極的な動きを見せ

ています。とりわけ忙しいと言われる管理職の仕事です。どのようにして仕事を効率的に進めるか，どうすれば時間をつくり出すことができるか，どうすればリーダーとして組織を活性化することができるのか——。目の前のできることから少しずつ改善していくことが必要です。

　私は現在，二児の子育ての真っ最中です。家では父親として，可能な限り我が子と関わる時間をつくりたいと思っています。子どもと遊んだり本を読んだり，お風呂に入れたりしています。休みの日には家族サービスも心がけています。我が子と家族のために，可能な限りの時間を確保したいと思っています。
　そのために，自分の仕事はもちろんのこと，管理職として他の職員が効率的に仕事をするために，どうすればよいのか，毎日工夫しながら仕事をする努力を続けています。そして，職場の先生方も私自身も，毎日充実して仕事に取り組み，疲れを残さないで帰宅することができるよう，仕事の進め方や時間の使い方に気を付ける取り組みを行っています。仕事の効率化を図り，時間を有効に使うことで，公私ともに充実した時間を過ごすことにつながることを期待して指導しています。仕事と私生活とのメリハリをつけた時間の過ごし方をすることで，心に余裕が生じ，毎日の生活に活力を与えてくれるからです。相手の気持ちに寄り添おうという気持ちで，職員と向き合うこともできるようになりました。時間のゆとり・心のゆとりが，仕事によい影響を与えてくれることを，自身の体験から日々実感しています。

　これからの時代は，仕事に忙殺されるのではなく，仕事が人生を充実させるためのツールとして活用できるように，自身の意識を変革していく必要があります。無駄を省いて効率的に仕事をすることで，充実感を味わいながら毎日を楽しみましょう。
　本書が，「管理職のやりがいを見出す仕事がしたい」「公私ともに充実した生活を送りたい」と願う方々のお役に立てれば光栄です。

2017年8月

中嶋　郁雄

 CONTENTS

はじめに 3

序章
リーダーになるために「捨てる」もの

第1章
気を引き締めて臨もう！
リーダーになるための意識革命

スター気分を捨てる―スポットライトを浴びるのは職員 18
自分のペースを捨てる―管理職は学校のためにある 20
スペシャリスト意識を捨てる―管理職は，超ジェネラリスト 22
対人関係の苦手意識を捨てる―保護者・地域との付き合いが管理職の仕事 24
優柔不断さを捨てる―管理職は決断を求められる 26
「なかま」意識を捨てる―職員は管理職と対等と思っていない 28
「ツー・カー」のやり方は捨てる―丁寧な説明が，職員の信頼を得る 30
偏見と思い込みを捨てる―管理職の決断は重い 32
傲慢な気持ちを捨てる―穏やかに仕事をするのがリーダー 34
行き過ぎた謙虚さを捨てる―職員を指導するのが管理職の仕事 36
　　COLUMN　仕事に対する意識革命 38

第2章
これで慌てない！
できるリーダーの時間マネジメント術

「時間の余裕」意識を捨てる―仕事が集中するのが管理職 40

始めるまでの準備時間を捨てる―フットワークが職員の信頼を得る　42
18時以降の仕事時間は捨てる―時間制限が仕事を効率化する　44
「一服」時間は捨てる―3分間あれば情報収集できる　46
「ノッてるとき」は，他の仕事を捨てる―進められるときに一気に進める　48
職員の相談時は，他の仕事を捨てる―頼られる管理職は「聞いてくれる」人　50
「自分が一番忙しい」意識を捨てる―管理職に大切なのは「余裕」　52
不測の事態は，計画を捨てる―管理職の仕事は想定外が普通　54
提示された締め切り期限を捨てる―信用を守るために　56
余暇の時間は仕事を捨てる―いざというときの心の余裕を蓄える　58
　　COLUMN　心を鬼にして守る　60

第3章
「相手意識」を重視する！リーダーが身に付けるべき仕事術

「100％の仕事」意識を捨てる―早い仕事が関係機関の信頼を得る　62
「また後で」対応を捨てる―報告・相談には真摯に対応する　64
「聞くのは恥」という気持ちを捨てる―できる管理職には情報が集まる　66
虚栄心を捨てる―些細な仕事が最優先　68
不平や不満の気持ちを捨てる―リーダーは，前向きな姿を見せよう　70
断りたい気持ちを捨てる―仕事から逃れられないのが管理職　72
自己中心的な考え方を捨てる―常に職員の気持ちを考えておこう　74
「無駄な仕事」意識を捨てる―管理職は「縁の下の力持ち」　76
「偏った接し方」を捨てる―管理職は，公平・公正さを見られている　78
命令口調を捨てる―自分で率先する姿を見せるのがリーダー　80

COLUMN 「感謝できる人」を目指す　82

第4章
学校を効率的な空間に変える！
リーダーならではの管理術

「後で片づけよう癖」を捨てる―ひと手間が，学校を効率化する　84
完璧な整理整頓を捨てる―とりあえずきれいにすることが重要　86
机の上に積む癖を捨てる―「きれいを継続」する意識をもつ　88
机の奥にある物は捨てる―思い切って捨てても大丈夫　90
「一応保管しておこう」資料は，捨てる―使わない資料が9割　92
「もったいない」意識を捨てる―物に執着しすぎると窮屈になる　94
無意識の行動を捨てる―手にもった物は，必要な場所に置く　96
整理整頓の計画を捨てる―整理整頓は，気づいたときに即実行　98
職員への整理整頓の押し付けを捨てる―職員は一刻を戦っている　100
「こんな仕事は……」意識を捨てる―環境マネジメントは管理職の仕事　102
　　COLUMN　環境美化が学校を変える　104

第5章
信頼されるリーダーはココが違う！
トラブル対応の防波堤役になろう

「トラブルは恥」意識を捨てる―トラブルを出し合える職場をつくる　106
偏見・決めつけを捨てる―組織を活性化できるのが管理職　108
「どうにかなる」意識を捨てる―最悪の事態で登場するのが管理職　110

「面倒くさい」気持ちを捨てる―職員とともに考える管理職で　112
相手に対する苦手意識を捨てる―苦手意識は相手に伝わる　114
逃げたい気持ちを捨てる―逃げ場がないのが管理職　116
ダメージは捨てる―挫けていては管理職は務まらない　118
「手打ち」意識を捨てる―管理職の姿勢で，相手の出方は変わる　120
権威主義を捨てる―自分本位が信頼を失墜させる　122
責任転嫁を捨てる―「腹」のある管理職の下で安心して働ける　124
　　COLUMN　本物の優しさとは　126

第6章

チーム学校を実現！職場関係を円滑にするリーダーの立ち居振る舞い

気になる態度や言動は忘れる―穏やかに相手を包み込む余裕を　128
無理に話の輪に入らない―管理職とは孤独なもの　130
周りの評価は気にしない―評価に左右されると決断力が鈍る　132
職員室の状況把握に努める―職員のメンタルヘルスをマネジメントする　134
マイナス思考を払拭する―前向きなリーダーが明るい学校をつくる　136
誇張や自慢をしない―自分を「大きく見せる」ことが評価を下げる　138
「頼られるべき」意識をもたない―日頃の姿勢で人は集まる　140
嫌われることを恐れない―自分に恥じなければ何も怖くない　142
指導すべきことは，しっかり伝える―職員のために叱る　144
すべての職員に「見ている」と感じさせる―全員に必ず声かけをする　146
　　COLUMN　職場関係を円滑にするリーダーの立ち居振る舞い　148

おわりに　149

序章

リーダーに
なるために
「捨てる」もの

既存の管理職像は捨て去れ

　現在，学校現場で管理職として働いている人の多くは，私も含めて，管理職がリーダーシップをとって組織を牽引する姿を，あまり見てこなかった世代です。その経験不足もあるのでしょうか，リーダーシップの意味を取り違えている人や，真剣に考えていない人が，案外多いように見受けられます。

　他の職員も管理職も，同じ人間としては対等で平等です。しかし，学校組織の中では，管理職は「集団を牽引する立場」にあり，他の職員は，「管理職の決定に従う」という区別があって当然です。職員に寄り添うだけでなく，学校や子どものためには，時に嫌われ者になっても，組織をあるべき方向に導くのがリーダーとしての管理職の役割です。確かな力量をもったリーダーの下でこそ，学校組織はより質の高い仕事集団として機能し，教師が個々の力を十二分に発揮することができるのです。

　管理職として組織を牽引する立場になった瞬間から，教師を指導し，学校を引っ張っていかなくてはなりません。そのためには，私情を捨てそれまでの経験を捨てなくてはならないこともあります。社会の変化に加速度が増し，教育界が変革を求められている今だからこそ，管理職の指導力・リーダーシップについて考え直す時期にきているのではないでしょうか。

　オックスフォード大学のマイケル・A・オズボーンは，「現在の職業の９割が，将来コンピューターに取って変わられる」という衝撃的な発表をして話題を呼んでいます。確かに，現在，社会の変化が加速度を増していることを，学校現場でも感じることが多くなりました。

　一昔前の時代であれば，担任を離れて教頭や校長になれば，案外気楽に仕事をすることができたというイメージがあります。実際に，昔お世話になった，元管理職の方々は，「私たちの時代と違って，これからの管理職は大変になるよ」と，言っています。学校の運営は職員に任せて，学校の代表として，保護者や地域の前であいさつをするのが仕事という，昔のような考え方

は，捨てなくてはなりません。これからの管理職には，

| 危機管理力：トラブルや緊急事態の未然防止や事故対応および，防災や災害に伴う危機管理能力
| 地域連携力：保護者・地域・関係機関との調整力や，学校外の教育資源の積極的な活用能力
| マネジメント：組織的・効率的な学校運営を行う力，機能する教職員組織を育成するマネジメント能力
| 人材育成力：的確な指導・助言ができる能力

といったものが，最低限必要になってきます。今日のような変革の時代だからこそ，組織を牽引するリーダーの役割が，以前にも増して重要になっているということを，心しておくべきでしょう。

 ## 「管理職ぶる」態度を捨て去れ

　かつて教師の仕事は，「聖職」と言われていた時代がありました。
　地域の人々に尊敬の眼差しで見られ，人々から「先生」と慕われました。未来ある子どもを立派な人間に導き育てる者としての責任感に満ちて，人を教え導く者として，常に自ら学び，自分を律し，誠実に振る舞い，教職に誇りをもって教壇に立っていました。本来，教師とは，誇り高い仕事であり，社会に対して相応の責任を負う仕事です。困難は大きくても，それを凌駕する充実感を得ることのできる，それが教師という仕事です。管理職になったからといって，子どもに対する熱意を捨ててしまってはいけません。捨て去るべきは，「管理職ぶる態度」です。たとえ，管理職になって立場が変わろうとも，教師としての根本を忘れなければ，様々なトラブルに向き合うときも，子どもにとって最善の判断を考えることができ，保護者や子どもに納得

のいく決定を下すことも可能になります。また,「人を教える者として,どのように生きるべきか」といった根本まで突き詰めて考えていれば,部下となる教職員に対しても,適切な指導を行うことができ,円滑で良好な人間関係を築くことも可能になるはずです。人の上に立つリーダーとして必要な人格について真剣に考え,誠実に実行する努力を怠らなければ,管理職としてだけではなく,人として尊敬されることも可能になるでしょう。

　だからこそ,豊かな人生観と確かな教育観を身に付けて,信念をもって学校運営に当たり,教師の指導に当たらなくてはなりません。信念をもち,信念を貫いて判断し決定することにより,多少の批判やクレームさえも,自身の信念が試される貴重な場として受け入れることができます。学校を牽引する管理職だからこそ,教師の根本に立ち返る必要があります。「教師とは何か」「教育とは何か」……常に考えながら学校運営を進めるようにしましょう。学校組織運営は,管理職であるあなたの強い信念を核にして進められるものなのですから。

「嫌われたくない」という思いを捨て去れ

　近ごろは,「優しい上司」「理解ある上司」が,理想の上司であるかのような言われ方をします。確かに,優しさや理解することは,相手との人間関係を円滑にするために必要な要素です。部下や若手も,厳しくない上司,どんなことも受け入れてくれるベテランに親近感をおぼえます。しかし,その優しさが,本当に部下の将来を考えた優しさで,若手の成長を考えたうえで理解を示しているのかどうか,はなはだ疑問を感じます。本当は,他の教師の不足を分かっていたり,若手教師の過ちに気づいていたりしているにも関わらず,指摘して指導することから逃れているだけなのかもしれません。または,細かいことを指導すると,部下を傷付けてしまうと考えて,我慢しているのかもしれません。いずれにしても,指導から逃れる姿や,よかれと思っ

ての配慮は、部下の職員に対する無関心以外のなにものでもないと、私は思います。

　各地の勉強会に参加して若い教師の意見を聞いてみると、「失敗したら指摘してほしい」「厳しく教えてもらうのはありがたい」という意見が多数を占めているのです。休日に勉強会で出会う人たちですから、前向きな教師が集まっているのかも知れません。しかし、少なくともやる気ある教師は、真剣に叱ってくれる管理職を望み慕っているという事実を見過ごしてはなりません。心強いことではありませんか。

　「相手に嫌われたくない」「ショックを与えたらどうしよう」と、指導できない人、厳しく指導することで相手との信頼関係が壊れたり、関係を悪くしたりするのではないかと考えている人もいるでしょう。しかし、それは決して相手に対して優しいことではなく、相手と信頼関係を深めることでもありません。「教師として指導力を上げたい」「授業がうまくなりたい」と、向上心をもっている教師は大勢います。前向きでやる気のある教師は、真剣になって自分を高めてくれる管理職を求めています。「相手に嫌われたくない」という気持ちを捨て、目の前の悩める教師を導くことがリーダーの務めです。

 ## 自分本位な考え方を捨て去れ

　理想通りの完璧な人間などいません。ましてや、教師になりたての若い人であれば、未熟で不足だらけです。人は、失敗をし、あやまちをくり返しながら成長していくのです。失敗やあやまちなくして、教師としての成長はあり得ません。「失敗なくして、成長なし」と、大きく構えて目の前の部下に接してみてください。きっと、厳しく指導することの大切さが見えてくるはずです。今、指導することが、目の前の教師にとって必要だと思うことができるようになります。

　私が若い教師を指導するとき、心がけていることは、自分と対話させると

いうことです。「何が悪かったか？」「どう，責任をとるか？」「やり直す勇気はあるか？」……。自分と向き合うことは，時に困難と苦痛を伴います。それでも，心を鬼にして向き合わせなくてはならないことがあります。当然，中には，素直になれなくて拗ねたり，あからさまに反抗したりする者もいます。それでも，あきらめず，何度でも繰り返し指導を続けます。私自身が，指導することから逃げないように努力しています。すると，相手は必ずといっていいほど，自分の行動を改めるよう努力してくれます。中には，私に，より関わりをもとうとしはじめる者も出てきます。

　人の上に立つ立場に置かれると，時に厳しく苦言を呈さなくてはならないこともあります。たとえ一時的にではあるにせよ，相手から疎まれることを覚悟しなくてはなりません。しかし，心から相手の成長を願うのであれば，気持ちは必ず伝わるはずです。相手を真剣に思う「心からの指導」は，人を変え，人を成長させる力をもっていると，私は確信しています。

　リーダーが部下に対して行う指導は，自分を捨てて相手に尽くす慈愛の行為と言っても過言ではありません。どうなってもいいと思う相手に，指導する必要などありません。「よくなってほしい」「成長してほしい」と思えばこそ，真剣に苦言も呈するのです。根底に，相手を思いやる愛情があるということを忘れなければ，苦言を呈することを恐れる必要はありません。「相手にいい人と思われておけばよい」というような自分本位の考え方を捨て去り，部下を指導することが，リーダーの務めです。

「べきである」意識は捨て去れ

　職場の教職員に対してだけでなく，教育委員会や地域，保護者に対して，必要以上に体裁を気にする管理職をよく見かけます。しかし，管理職とはいっても，分からないこともあれば，失敗もします。それが人間として当たり前の姿です。知らないことがたくさんあって当たり前，うまくいかないこと

があって当たり前なのです。だからこそ，人の気持ちも理解できますし，努力している人に寄り添うこともできます。そのことは何よりも，あなたが教室で教えてきた子どもたちが，教えてくれていたのではありませんか。分からなければ，聞けばいい。悩みがあれば，素直に吐き出せばいいのです。そのような人間らしい部分を，部下の前で見せることが必要です。

　「できる管理職であるべき」「リーダーらしくあるべき」などと思うこと自体，間違っています。組織を牽引する管理職であれば，なおさらです。「分からないから学ぶ」「できないから努力する」のです。人として当たり前の姿勢を，周囲に伝えてください。それが謙虚ということです。それが誠実ということです。「できる管理職と思われたい」「リーダーと認められたい」という気持ちを捨て，素直に人間として部下と向き合うことで，きっと誰でも，信頼を集め尊敬に値する管理職に成長することができると，私は信じています。

第1章

気を引き締めて臨もう！リーダーになるための意識革命

管理職という職責に必要な資質を身に付けるために，
子どもと直接関わってきた教諭時代から
身に付けてきた意識を変える必要があります。

スター気分を捨てる
スポットライトを浴びるのは職員

実際に子どもの前に立って指導するのは担任教師です。担任が子どもとの信頼関係を築き，自信をもって指導するために，管理職のフォローや指導は欠かせません。演劇にたとえれば，担任はスポットライトを浴びるスターで，管理職は，スターが活躍するための裏方です。職員が働きやすい環境を整えることが，教育効果を上げることにつながると心しましょう。

裏方としての心構えを

　教師は，授業や生徒指導の高い技術を身に付けており，その技術は，「職人技」と呼ぶにふさわしいものです。管理職になっている先生方のほとんどが，長年，授業や生徒指導に携わり，「教育のプロ」という自負をもっていることでしょう。若い教師の授業や生徒指導に対して，「自分ならもっとうまく指導できる」と，自身の経験や指導技術を披露したくなってしまいます。

　しかし，いくら管理職の指導技術が高くても，実際に子どもの前に立つ教師が，自信をもって指導することができなくては，教育効果は上がりません。「自分がやった方がうまくいく」という考え方から脱却しなくてはなりません。管理職の仕事は，学校の教育効果を高めるために，他の教師が，仕事に集中できる環境を整えることです。

自分の方法を押し付けない

　他の人の仕事に憧れ，その人のやり方を真似ても，うまくいかないことは多々あります。人には，それぞれの個性があるので，たとえ，他の人がうまくいった方法でも，自分がやってみたら，全く異なる結果が出る可能性が高いと考えなくてはなりません。ですから，若い教師に対して，自分のやり方を押し付けても，同じような結果は得られないと考えなくてはなりません。もしうまくいったとしても，押し付けのような指導だった場合，若い教師が本当の実力を身に付けたわけではありません。自分のやり方を押し付けたあなた自身が，「どうだ，私の言う通りにやっていれば間違いないのだ」と，満足感を得られただけに過ぎません。自分のやり方を押し付けるような指導をしていると，職員に疎ましく思われ，敬遠されるようになってしまいます。

「支え役」に意義を見出す

　管理職として大切なことは，職員の子どもを指導する力量を高め，自信をもたせ，教師という仕事にやりがいを感じさせることです。「学級経営や授業がうまくいっているのは，私の指導の賜物」などとは，決して思わないことです。その不遜な気持ちは，まるで自分自身が子どもを指導する中心人物であるかのような態度に表れます。教室で，格闘しながら直接子どもを育てているのは，職員の先生方だということを忘れてはいけません。**「指導がうまくいったのは，職員の力」「職員の指導がうまくいかないのは，管理職である自分の力不足」**という考え方で接し，職員が脚光を浴びるように心がけましょう。その姿勢が，職員を支えることになり，管理職という職務のやりがいになっていくはずです。

> 職員のサポート役に徹し，教師として必要な力量や自信を職員に身に付けさせながら，「教師のやりがい」をもたせるのが管理職の役割と心得て，「裏方」役に意義を見出そう！

自分のペースを捨てる
管理職は学校のためにある

管理職は，学校全体を見渡しながら職責を果たさなくてはなりません。期せずして，多様な仕事が，次々と舞い込んできます。それらの中には，急を要するものも少なくありません。調子に乗ってきた仕事を中断して，他の仕事に着手しなくてはならないことも多々あります。「マイペース」な仕事のやり方を捨てなくてはならないのが管理職です。

 職員・保護者・地域のペースに合わせる

　どの仕事でも同じことですが，特に子どもを指導している学校現場には，様々な予測できない出来事が起こります。たとえ，期限が迫っている提出書類の作成をしなくてはならないときでも，職員から相談があれば，そちらを優先しなくてはなりません。保護者対応も，地域の人への対応も，管理職が関わらなくてはならないことが普通です。

　「私は，今，こんなに忙しい」という不平不満は，管理職には通用しません。たとえ，不満を感じたとしても，書類作成を中断して，職員や保護者，地域の人への対応を行わなくてはなりません。管理職は，自分のペースで仕事をすることは不可能と，あらかじめ覚悟しておけば，心が乱れることは少なくなり，相手への対応にもよい結果が得られることになります。

自分のペースを捨てることで，仕事はうまくいく

　仕事は，自分のペースで進めることができれば，はかどり，気分よく過ごすことができます。しかし，管理職になれば，自分のペースで仕事をするのは難しくなります。いつまでも，マイペースで仕事を進めたいという気持ちに固執してしまっては，気持ちが滅入ってしまい，仕事の効率が落ち，周囲の人との関係にも悪影響を及ぼしてしまいます。だからこそ，**「自分のペースは必ず乱されるものだ」**と，心しておけば，何か仕事をしているときに，他の仕事が入ってきても，「おっ！　やってきましたね！」と，前向きに考えることができます。気持ちよく仕事をすることで，結果的に仕事の効率が上がり，周囲の人との関係も円滑になります。管理職の仕事は，「自分のペースを捨てる」ことで，うまくいくと言っても過言ではありません。

切り替えを自在に

　次々とやってくる仕事によってペースが乱されると，「調子が上がってきたところなのに」と憂鬱になってしまいます。しかし，新しい仕事に向かう気持ちへの切り替えに時間がかかると，すべての仕事が中途半端なものになってしまいます。そこで大切なのは，**「気持ちの切り替え」**です。中断せざるを得ない仕事は，無理にでも一旦忘れて，新しい仕事に集中する力が必要になります。「切り替え」のきっかけをつくるために効果的なのが，**「場所移動」**です。たとえば，書類作成をしている際に，職員が相談に来たり，来客があったりしたら，席を立って，相手の近くに移動しましょう。ケンカをして興奮している子どもを落ち着かせるためには，場所を変えるのが効果的なのと同じ原理です。自分なりの切り替えの方法を見つけることが必要です。

> 管理職には，いつどのような仕事がやって来るか予測不可能！　やって来た仕事の緊急性や重要性を判断して，いつでもペースを切り替えられる心構えをしておこう！

スペシャリスト意識を捨てる
管理職は，超ジェネラリスト

子どもに関わる仕事に携わる教師は，「子どもを指導するスペシャリスト」です。しかし，管理職になれば，教諭の仕事に加えて，会計関係や施設関係，地域対応や教育委員会対応など，多岐にわたる仕事をこなさなくてはならない，「ジェネラリスト」です。直接子どもの指導とは無関係に思われるような仕事も，実は，必要不可欠で重要であるという意識の変革を行いましょう。

 ジェネラリストにやりがいを見つける

　管理職になって驚かされるのは，施設関係の仕事や教育委員会への提出書類，地域の人との関わり方など，その職務が多岐にわたることです。自分自身が管理職になってみて，教諭時代には考えもしなかったようなことを，管理職の先生方は，淡々とやってくれていたことに，改めて感謝しました。

　ほとんどの管理職の方は，私と同じく，長年子どもたちと直接関わってきたと思います。教諭時代の仕事の中心は，子どもを指導することです。それに対して，管理職の仕事は渉外や事務，会計や施設管理と，なんでもこなさなくてはなりません。時には，「これが教師の仕事か？」と，悩むことも多いと思いますが，ジェネラリストとしてのやりがいを見つけ，前向きに仕事をすることが必要です。

第1章　気を引き締めて臨もう！リーダーになるための意識革命

 スペシャリスト意識から脱却する

　管理職の中でも，特に教頭職は，子どもとの直接的な関わりが，最も少ない職務と言えます。教諭時代に授業や学級経営に邁進してきた人ほど，管理職の仕事に不平不満を抱きがちになります。近年，「降格人事」を希望する人が増えていますが，管理職の仕事が，子どもの指導に直接関わる機会が少ないことに物足りなさを感じることも，その原因の一つかもしれません。

　しかし，よくよく考えてみれば，管理職の仕事は，直接的でないものでも，結局は巡り巡って子どもに還っていくものばかりです。そのことを，日々，目の前の仕事をこなすうちに，忘れてしまいがちになります。担任として子どもと接することはできませんが，**大局的な立場で子どもたちに影響を与えることのできる大切な仕事**だと，「教師観」を変える必要があります。

 どんな仕事も積極的にこなす

　管理職の立場でいると，「自分は偉いのだ」という意識に陥ってしまう恐れがあります。確かに，社会的責任は重くなりますが，教師として偉くなったわけではなく，ましてや人として格が上がったわけではありません。そこを勘違いすると，「なぜ，管理職の私が，電話番をしなくてはならないんだ」「イス並べや配布物の仕分けは，管理職の仕事なのか？」などと，不遜になってしまいます。**職員が気持ちよく仕事できる環境づくりも，管理職の役割**です。当然，電話の受付や会場づくりなどは，管理職が行うべき仕事と考えなくてはなりません。「決して偉くなったわけでなく，管理職という役割を与えられただけのこと」と考えれば，不遜な気持ちになることも，職員に横柄な態度をとることもなくなるはずです。

「指導のスペシャリスト」意識が強すぎると，他の仕事を軽視してしまう恐れがある！　すべての仕事が，学校・子どもにつながっていると考えて，「ジェネラリスト」意識を高めていこう！

対人関係の苦手意識を捨てる
保護者・地域との付き合いが管理職の仕事

地域の人や業者の方など，教諭時代はそれほど関わることの少なかった人との付き合いが必要になります。管理職になった途端に，保護者や地域の人との付き合いが上手になるわけではありません。しかし，外部の人と関わることが多い仕事だということを考えれば，「対人関係が苦手」と言ってはいられません。

「職人」から「営業マン」へ

　多くの教師は，子どもとの関係づくりが上手で自信をもっていても，相手が大人となると，苦手意識をもつことがあります。これは，教師が子どもを指導するスペシャリストであり，「職人」であることを物語っています。子どもの指導と関係づくりにおいて，的確かつ効果的な技術を磨き続けるという意味で，多くの教師は職人気質の持ち主です。子どもを教育する「職人」であるがゆえでしょうが，多くの教師は，大人との接し方や関係づくりに対して苦手意識をもっています。

　しかし，管理職になれば，いやでも，地域の人や業者と接する機会が多くなります。渉外は，管理職の重要な仕事の一つと肝に銘じて，**「職人」**から**「営業マン」**に意識を変える必要があります。

第1章　気を引き締めて臨もう！リーダーになるための意識革命

 管理職は学校の窓口

　「学校には入りづらい」と，世間一般で言われるのは，来校者に対する教師の態度が，恐ろしく冷淡に感じられるのが原因ではないかと思われます。たとえ自分の来客でなくとも，「自分には関係ない」と，そのまま放っておいてはいけません。特に管理職は，来校者を見かけたら，まずは笑顔で，こちらからあいさつ・声かけをして，気持ちよく迎え入れる雰囲気をつくる必要があります。

　もし，対応を間違えて相手の気分を損ねることがあれば，学校運営に支障をきたしてしまいます。対応した当人だけでなく，「あの学校は，とんでもない」などと，学校が批判されてしまう恐れがあります。それくらい，来校してきた人に対する管理職の対応は重要だと心しておかなくてはなりません。

 「パートナー」意識で

　来校者や電話をかけてくる人の中には，学校に対する苦情を申し立てる場合も少なくありません。苦情への対応は，否応なく管理職の役割になってきます。その際，クレーマーという意識で対応をすると，相手をいい気にさせたり怒らせたりして，本物のクレーマーにしてしまう危険があります。

　相手の話に耳を傾け，「何に怒っているのか」「どういう対応ができるか」考えながら対応する必要があります。憂さ晴らし的に苦情を言ってくる人には，カウンセリングマインドで話を聞いてあげ，何らかの対応を求めてくる人には，「課題を教えてくれた」と感謝の気持ちで苦情を聞く……。**学校と地域はパートナー**という意識で，苦情を言ってくる人にでも誠実に対応するよう心がけましょう。

> 管理職は「学校の窓口」であることを忘れず，笑顔やあいさつ，言葉遣いに気を付けて，来校者や電話対応では，相手を気分よくさせる対応を心がけよう。

優柔不断さを捨てる
管理職は決断を求められる

職員の意見が分かれることや，何らかの対応で方向性に迷うことがよくあります。判断が難しい事案ほど，管理職の決断が求められることになります。管理職は，学校のリーダーです。様々な意見を聞いて考えることは必要ですが，決断したら迷わず実行していかなくてはなりません。優柔不断な姿は，誤った行動を誘発し，職員を不安にさせてしまいます。

 責任者の意識を

学校長は，最終的に責任をとる立場にあります。どのような決断も，すべて管理職の責任の下で行われます。管理職が下した決断で，学校がよくもなれば悪くもなります。経営が傾けば，会社の経営者は全責任をとりますが，管理職はそれと同じ責任を負っていると意識しておかなくてはなりません。たとえ，職員の意見を優先して，自分の意に沿わない決断をしても，全責任は学校長がとることになります。学校長を補佐する教頭も，責任の一端を担う場面が多々あります。

「自分の判断・決断には，学校運営の大きな責任を伴っている」と考えれば，管理職の仕事に対するやりがいも高まり，優柔不断に決断を迷っている場合ではないと感じるはずです。

第1章　気を引き締めて臨もう！リーダーになるための意識革命

  管理職の決断は最終決定

　学校現場には，毎日のように様々な課題への対応が求められます。持ち物や服装などのきまり，保護者の苦情への対応など，職員の意見が分かれるものが少なくありません。職員が意見を出し合って，一致した方向性にまとまることができればよいのですが，意見がまとまらないこともしばしばです。そのようなときこそ，管理職の決断が必要になります。下した決断によって，結果が吉と出るか凶とでるかは，誰にも分かりません。しかし，最終的に決断を下さなくてはならないのが管理職です。どのような結果になろうとも，最後に責任をとらなくてはならない立場にあるからこそ，最終決定できる「権利」を有するということもできます。好む好まないに関わらず，**最終決定の権利と責任を負う義務を有する**のが管理職です。

  大らかに見守り，いざというときに決断

　管理職は，常に決断と責任を背負って仕事をしています。学校全体に関わる問題だけでなく，一つのクラスで起こった些細な問題も，結局は管理職が責任を負うことになります。そのため，中には些細なことにまで目を光らせ，監視するかのような姿勢で臨む管理職もいます。しかし，**日ごろは職員を大らかな気持ちで見守り**，そのままにしておくと問題が生じると思ったときにこそ，指導する決断をするのが理想的な管理職の姿です。その姿勢が，職員との信頼関係を築くことになり，職員の力量を上げることにもなります。また，課題に対応するときは，「こうすれば，こうなる可能性がある」と，経験を生かしてイメージを膨らませ，じっくり考えたうえで決断を下すことが大切です。

> 管理職の決断には，大きな責任が伴うことを再確認しておこう。周りの意見をよく聞いて，経験と想像力をフル動員して，考えに考えたうえで，決定事項を職員に伝え，協力を要請しよう！

「なかま」意識を捨てる
職員は管理職と対等と思っていない

職員室で，職員同士が楽しく会話したり，仕事の打ち合わせをしたりしている姿を見ていると，その輪の中に入りたいと思ってしまいます。職員を見渡す位置にある座席に座っていると，職員との距離が遠く感じて，孤独になってしまいます。しかし，職員は管理職を対等な同僚とは思っていません。孤独に慣れることは，管理職の宿命です。

自身の経験を思い出す

　自分が学級担任をしていたときのことを思い出すと，職員室の前の座席に座っている管理職は，自分たちとは別の立場の人と思っていました。管理職と話すのは，何か問題が起きたときくらいで，生徒指導や授業の進め方などは，同学年の教師や年齢が近い同僚に相談するのが当たり前でした。管理職に対しては，気軽に話すことのできる人にさえ，めったに相談することはありません。たまに，管理職の方から話題に入ってくることがありますが，管理職から意見されることを好む人はそういません。「こうすればいいと思うよ」と，たとえ参考までにと言った言葉でさえ，管理職から発せられた瞬間，その意見に従わなくてはならない雰囲気が生まれます。気を付けないと，管理職の言葉は，職員の自由な発想や交流を妨げてしまう危険があります。

第1章 気を引き締めて臨もう！リーダーになるための意識革命

 指導者としての自覚を

　管理職は，職員を指導する立場にあります。管理職が日ごろから職員の輪の中に入ろうとすれば，職員にとっては，自分たちの自由な交流を妨げられると感じます。そして，こちらの意図に反して，「些細なことにまで口を出してくる管理職」と思われるようになってしまいます。指導者というのは，**職員から意見を求められたときや，職員の考えがまとまらないときに，方向性を示して集団を牽引していくこと**が大切です。それを，日ごろから細々したことに口出しをしてしまうと，「押しつけの強い管理職」と見られてしまいます。私の経験上ですが，日ごろから細々したことに口を出す人ほど，いざというときには責任逃れをすることが多いように思います。管理職と職員の意識は異なるということを心得ておきましょう。

 管理者としての自覚を

　むやみに職員の会話に立ち入ったり，意見を述べたりするのは，職員からすれば，「いつも見張られている」と思わないとも限りません。管理職の言葉は，組織に大きな影響を与えます。様々なことに気を配ることは大切ですが，学校の管理者として大切なことは，些細な情報まで集めることができ，職員がそれぞれの能力を十分に生かすことのできる環境づくりをするということです。情報の流れも，個々の職員を生かすことも，いわゆる「管理的」なリーダーの下では不可能です。それを自覚して，日ごろは，職員が自分たちの意見を自由に交換し合い，協力してよい方向性を見出すことのできる雰囲気づくりにこそ力を入れなくてはなりません。

> 職員は管理職を「なかま」とは考えていない。軽い気持ちで発した言葉でも，管理職の言葉は特別な意味をもつ。管理者・指導者という立場をわきまえて，言動には気を付けよう。

「ツー・カー」のやり方は捨てる
丁寧な説明が，職員の信頼を得る

管理職の説明には，特に丁寧さが求められます。説明する側は分かっていても，相手が100％理解しているとは限りません。たとえ大まかには理解できていることでも，細かなところで思い違いが生じていることもあります。「分かっているだろう」と考えずに，相手が理解することができるように，詳細まで丁寧に説明することが大切です。

 「分かっているだろう」が，誤解を招く

　管理職の頭の中にある学校経営や学校行事の構想を具現化する場合，大まかな方向性は，ほぼ理解してもらうことができます。しかし，進め方や方法が，具体的になればなるほど，取り違えや理解不足が生じるものです。実は，「何をどのような方法で行う」といった，具体的なことにこそ，詳細で丁寧な説明が必要になります。「大筋は分かっているのだから，細々したことは推して然るべし」というのでは，あちこちで誤解を生じてしまいます。職員からすると，「実は，管理職自身がそのことを理解していないのでは？」「人任せにして無責任」と，批判的な思いを抱きます。誤解や取り違えが生じないように，職員から出された疑問には，丁寧に説明してきめ細やかな対応を心がけましょう。

丁寧すぎることはない

　特に職員を指導する場合は，より丁寧な配慮が必要になります。一昔前のような，「背中を見てついてこい」的な指導では，今の若い教師には通用しません。たとえば，学級経営がうまくいかなくて悩んでいる教師への声かけ一つにしても，対応が雑だと，その教師の自信を奪い，人間関係を悪くしてしまう危険性があります。悩みを抱えている教師に，よかれと思ってかけた「どうしたの？」という言葉が，相手には，「自分の対応の悪さを責められた」と受け取られてしまう場合が多々あります。特に，悩みを抱えている教師には，「このような言葉がけをすれば，相手はどのように受け止められるだろう」と考えて，「最近，調子はどうですか？」というような**「開かれた質問」**をする配慮が必要になります。管理職の言葉は重いということを考えれば，**職員への対応に丁寧すぎることはない**と考えておきましょう。

 理解しているか確認する

　指導や説明をして，「分かっただろう」と，勝手に考えるのは早計です。相手が理解できているかどうか，確認することが必要です。確認と言っても，子どもを指導するときのように，「どういうことか，自分の口で先生に説明してごらん」というわけにはいきません。相手は，プライドの高い大人の教師です。「職員会議で提案するときに，説明に困ることがあれば，いつでも聞きに来てください」「子どもに指導する前に，不安になったら聞きに来てください」と，安心して聞くことができる環境づくりを心がけましょう。

　理解するまで説明する必要がありますが，それを可能にするのは，管理職の**「尋ねやすい」環境づくり**しかありません。

　一度の説明や指導で，相手が理解していると思うのは早計というもの！詳細まで丁寧に説明したうえで，相手が質問をしやすい環境づくりに心がけよう！

偏見と思い込みを捨てる
管理職の決断は重い

組織をまとめ，牽引するリーダーとして，決断と実行力は必要不可欠です。できる限り迅速に判断を下し，課題解決に向けて行動を起こすことが重要な局面が多々訪れます。しかし，偏った情報や，思い込みをもとに決定し行動を起こすと，大きな危機を呼び込むことになりかねません。常に自分の心に，思い込みや偏見がないか気を配り，熟考して決断しましょう。

「根本」を見据えつつ，多くの意見を参考にする

　人は，自分に都合よく物事をとらえる習性があります。子どものケンカを例にとると分かりやすいと思います。一方の意見だけを聞くと，あたかも他方が悪く思えます。逆もまた然りで，偏った考えだけで物事を判断することは，誤った結果を招くことになります。

　管理職の判断は，非常に重く，子どもや教師，保護者や地域といった，学校に関わるすべての人々に対する責任を負っています。偏った考え方や自身の思い込みに流されていては，学校にとってベストな判断を下すことができなくなります。特に，重要な課題に対応するときほど，多くの意見や考え方を参考にして，「問題の根本にあるもの」を見据えて判断を下すように心がけましょう。

「人」ではなく「意見」で聞く

　「あの人が言うのだから」,「あいつの言うことなんて聞くものか」などと,意見そのものではなく,意見を言った人によって,物事を判断する材料にする人がいます。しかし,特に管理職という立場になれば,そのような判断の仕方はやめなくてはなりません。たとえ,日ごろからカチンとくるような態度を取る職員であっても,客観的で最もな意見を言っていることがあります。**物事を判断するためには,あくまで「意見の良し悪し」を基準**にしなくてはなりません。人間ですから,難しいこともあると思いますが,だからこそ,日ごろから職員との人間関係を円滑にする努力が必要ということがわかります。すべての職員と良好な関係であれば,「人」ではなく「意見」によって,決定の判断材料にすることができます。

決断しない管理職はリーダーではない

　管理職には,置かれている状況を考え,様々な人の意見を聞いて,考えられるベストの決断をしなくてはなりません。軽率な判断は,学校を危機に陥らせる危険がありますが,だからといって,長々と決断を伸ばしていては,話になりません。時期を逃すと,いくら熟考して出した決定でも,失敗してしまうこともしばしばです。進むのも引くのも勇気が必要です。

　自分の決断によって,どのような結果になろうとも,責任を負う勇気が必要です。管理職がどれだけ自分で責任を持って組織を牽引しているのかを,職員は見ています。**決断できる人に,職員は信頼し安心して,リーダーの役割を任せてくれます。**

> 何が大切で子どものためになるのかという原点を忘れず,自分の心に偏見や思い込みがないかをしっかり見つめて,熟考したうえで,迅速に決断を下すようにしよう。

傲慢な気持ちを捨てる
穏やかに仕事をするのがリーダー

職員に対して，威圧的な態度をとる管理職がいます。上から目線で命令し，思い通りにいかないと，怒鳴ったり嫌味を言ったりします。そのような管理職の下では，職員室が暗くなり，学校から活気が失われてしまいます。管理職という立場で，人に命令したり従わせたりするのは，傲慢以外のなにものでもありません。真のリーダーを目指すなら，努めて穏やかに接するべきです。

些細な言葉や表情が「威圧的」と見られる

　クラスの子どもたちが，担任をよく観察しているのと同じで，職員は管理職をしっかり観察しています。中には，管理職というだけで，マイナス評価で管理職を見る教師もいます。たとえば，仕事に集中していて，厳しい表情で机に向かっている姿でさえ，「怖い顔をして近寄り難い」と，思われてしまいます。ましてや，うまくいかなくて舌打ちでもしようものなら，「気分次第で感情的」と，批判的にとらえられてしまいます。些細な言動にも，相手に威圧感を与えてしまうのが管理職の立場と，心得ておかなくてはなりません。教諭時代には，自分の所作や言葉に気を配ってこなかったとしても，管理職は常に職員に見られていることを意識して，自身の言動に十分気配りをしましょう。

カチンときても，努めて穏やかに

　ある仕事に集中しようと思った瞬間，学年通信などの文書チェックや，施設・設備の修理依頼，物の置き場所についての質問など，管理職には様々な仕事がやってきます。「私は，便利屋じゃないぞ！」と，叫びたくなることもしばしばです。しかし，その度に，怒りや憤りの感情を態度や表情に出してしまっては，周りにいる職員から，「感情的で自分勝手」と思われ，「余裕がもてないのかな」と勘ぐられてしまいます。それが日常的に続くと，「気分次第で怒る傲慢な管理職」「仕事のできない管理職」と思われる恐れがあります。たとえ，**どんなに切羽詰まっていても，感情を揺さぶられたとしても，平常で冷静な態度を保つ努力が必要**です。日ごろから努めて穏やかに仕事をすることで，職員の信頼を得て，気持ちよく仕事をすることができます。

年齢や立場で対応を変えない

　管理職には，全職員に対する平等な姿勢が求められます。学級担任と同じで，人によって態度を変えたり指示・指導に一貫性を欠いたりすれば，「ひいきする人物」とレッテルを貼られてしまいます。若い教師に対しては，言葉づかいも粗く，傲慢な態度で命令する一方，ベテランや一目置かれている教師には，指導することもせず，おもねるような態度をとる管理職の話を耳にします。**人によって，あからさまに態度を変えるのは，管理職である前に，人間としてほめられる姿勢ではありません**。相手の年齢に応じて，言葉遣いに多少の差異が生じるのは仕方ないかもしれませんが，特に管理職という立場にあれば，相手の立場によって接する態度や姿勢，話の内容が一貫性を欠いてはいけません。公平な管理職でありたいものです。

> 管理職の言動を，職員はしっかり観察している。感情をあらわにしたり，傲慢な態度をとったりすれば，「嫌いな管理職」のレッテルを貼られる。常に穏やかに仕事をすることに心がけよう。

行き過ぎた謙虚さを捨てる
職員を指導するのが管理職の仕事

職員との関係を重視することは必要ですが，そのことばかりに意識が行って，職員の意向を伺ってばかりいるようではいけません。特に，若いうちに管理職になった人は，自分より年上の教師に対して，及び腰になってしまう場合があります。学校の決断や職員の指導という大切な役割を担う管理職という仕事は，人当たりがよいだけでは務まりません。

「頼りにならない」感を抱かせない

職員と良好な関係を築くことは，管理職にとって重要なことです。しかし，同僚同士と対管理職の場合では，「良好な関係」の意味は異なります。同僚同士の場合，相手に求めるのは，「話しやすさ」です。相手がいつも自分の考えを押し付けるようであれば，良好な関係は築けません。一方，相手が管理職の場合，もちろん「話しやすさ」は重要で良好な関係を築くための重要な要素ではあります。しかし，**職員が管理職に求めているのは，「決断力」**です。普段は話しやすくて気さくであっても，いざというときに頼りにならなくては，管理職としては失格です。職員に頼りにならない管理職と思われないよう，日ごろから，決めるべきときはしっかり決めるよう心がけましょう。

第1章　気を引き締めて臨もう！リーダーになるための意識革命

 指導と指示が，職員を安定させる

　職員が，何をするのか明確に理解していて，自分たちでスムーズに仕事をすることができる場合は，任せて見守っていれば問題ありません。しかし，どうすればよいか，何をすればよいか，理解できずに迷う場合にこそ，管理職の指導や指示が必要になります。「自分が指導してよいのだろうか」「指示して偉そうに思われないだろうか」などと考える必要はありません。**必ず管理職の指示を待っている職員はいるはず**です。特に，若くて経験が少なく，職員室でなかなか発言する機会の少ない教師ほど，管理職に決定してもらいたいと思っています。学級経営と同じで，リーダーが職員を牽引しなくては，組織は安定しません。管理職の指導と指示が，職員の関係を安定させ，学校を安定させることになるのです。

 問題が起きたときこそ，でしゃばろう！

　何かトラブルが生じたときに，「話に首を突っ込んでいいのだろうか」などと，迷うこともありますが，**「あやしいぞ」と感じたら，必ず関わるようにしましょう**。管理職に話を聞いてもらい，対応への相談に乗ってもらえることに，「余計な口を出さないでほしい」と思う教師は，まずいません。問題が大きくなればなるほど，その責任は管理職が負うことになります。何よりも，大きなトラブルに発展すれば，苦しむのは子どもです。

　担任だけでは対応できないようなトラブルが起きたとき，子どもの指導や保護者対応などで，そのままにしておくと大きな問題になる可能性があるときこそ，管理職の出番です。「でしゃばり過ぎではないだろうか」と考えずに，どんどん話の中に入っていくことが必要です。

> 組織を束ね牽引するのが管理職の役割。いざというときに頼りにされる管理職であるために，指導で悩んでいる教師や，トラブルが起きたときは，率先して関わるように心がけよう！

仕事に対する意識革命

　管理職には，教育委員会への提出書類や施設・設備の修理といった，直接子どもと関わりのない，「これって，教師の仕事か？」と思えるような仕事が，どんどん舞い込んできます。管理職の中でも，教頭職は，子どもとの関わりが少ない職務です。教頭職を拝命して，一週間もすると，「こんな事をやるために教師になったんじゃない」と，根を上げそうになりました。

　「教頭先生，無理せんようにぼちぼちと頑張りましょうや」

　すさんだ気持ちでいる私に，そう声をかけてくださったのは，仕事を定年退職した後，派遣で勤務されている業務員のWさんでした。子どもたちのために，目立たない裏方の仕事を一生懸命やってくださっていました。誰かにほめられ認められることを期待するわけではなく，自分の仕事と誠実に向き合っている人でした。Wさんの仕事ぶりを見るにつけ，「教師は謙虚でなくてはならない」「人格者を目指さなくてはならない」と口では言っておきながら，脚光を浴び，感謝されることを求めて仕事をしていた自分が情けなくなりました。

　仕事に誇りをもつということは，決して他人から認められることでも，脚光を浴びることでもありません。どんな仕事にも誠実に向き合い，真摯な姿勢で全力を尽くすこと。そして，周りの人に感謝する気持ちで仕事に取り組むことが大切です。管理職になって，仕事に対する意識革命の必要性に気づいたことは，私の人生にとってかけがえのないものになりました。

第2章

これで慌てない！
できるリーダーの
時間マネジメント術

地域対応や保護者とのトラブル対応だけでなく，
施設・設備管理や職員のメンタルヘルスケアと，
多忙を極める管理職の仕事をこなすためには，
時間マネジメントがものをいいます。

「時間の余裕」意識を捨てる
仕事が集中するのが管理職

前章で何度も書きましたが，管理職の仕事には際限がありません。少しの余裕時間ができても，それを「余裕の時間」とは思わないことです。一瞬先には，複数の仕事が固まってやってくることもしばしばあります。一つの仕事を終えたら，気分転換をしながら他の仕事を探すようにして，余裕をもって仕事をする体制づくりをしましょう。

いつ仕事が来ても余裕をもつため

　そのときは急ぎではなくても，いつか必ずやらなくてはならない仕事はいくらでもあります。それらの仕事が，いつ何時，急を要する仕事に変わるやもしれません。そのようなときに限って，他の仕事がどんどん舞い込んでくるものです。仕事がたくさん重なって，時間にも心にも余裕がなくなってから後悔しても後の祭りです。余裕のない状態で仕事をすると，必ずと言っていいほどミスをし，それを取り戻すために，さらに時間と労力を要することになり，どんどん苦しい状況に陥ってしまいます。そうならないよう，わずかな「すき間時間」をも無駄にせず，コツコツと仕事を進めておく習慣を身に付けましょう。気分転換程度の休憩は必要ですが，いつまでもダラダラと時間をつぶせば，後で苦しむのは自分だと心して仕事に臨みましょう。

やれるときにやる癖を

　提出期限に余裕のある仕事がやって来たとき,「まだ余裕があるから」と,そのままにしておくのは,大変危険です。そのうち,他の仕事に忙殺され,制限時間がどんどん迫ってくることがあります。いつ何時,トラブル対応がやって来るか分かりません。ですから,たとえ提出期限まで余裕のある仕事であっても,自分の手元にやって来た瞬間に着手するようにしましょう。他のやり残しの仕事に時間をとられ,その日は,ほんのわずかしか時間が取れなかったとしても,**その日のうちに,10分間だけでも手を付けておくこと**をお勧めします。特に,時間を読むことが難しい管理職にとって,「やれるときにやってしまう」習慣を身に付けることが必要です。

「仕事を探す」意識で

　年間を通して忙しく,休む暇もないのが管理職ですが,少しは余裕のある時期が必ずあります。そのようなときに,ゆっくり休息をとるのもいいのですが,ゆったりと時間を過ごしながらも,「余裕のある今のうちに,やれる仕事はないか」考えるようにします。余裕のあるときに考えると,日ごろは優先的にやることができなかった仕事が見えてきます。そのような仕事こそ,子どもの安全に関わるものであったり,職員の環境づくりにとって重要なものだったりします。余裕のあるときだからこそ,やれる仕事は,必ずあるはずです。実は,そのような仕事ができてこそ,管理職としての仕事のやりがいや充実感を味わうことができます。**「仕事に使われる」のではなく,「仕事を使う」意識**で仕事をすれば,毎日が充実感にあふれ,楽しく生活することができるのではないでしょうか。

> 勤務時間内にはできる限りの仕事を進め,わずかな時間も無駄にしないように心がけることで,時間と心の余裕を生み出し,仕事の楽しさや充実感を味わうようにしよう！

始めるまでの準備時間を捨てる
フットワークが職員の信頼を得る

仕事で重要なことは,「フットワークの軽さ」です。管理職になると,職員から教室の修理や,消耗品や教具の購入など,様々な頼まれごとをされるようになります。依頼してきた相手の気持ちを考えれば,できる限り早くやるに越したことはありません。「時間をかけて準備してから」と,考えずに,とりあえず迅速に行動を起こすことが重要です。

迅速な行動が,安心と信頼を得る

　頼まれ仕事が舞い込んできたら,とにかく行動開始です。たとえ,設備の補修や教具の補充といった,「物」が必要な仕事でも,現場を見に行ったり,カタログを調べたりすることは,すぐにでもやれるはずです。素早く行動する姿を見た依頼主は,「本気でやってくれるのだ」という安心感と,「こんなに早くやってくれるのだ」という信頼感をもって,管理職を見るようになります。反対に,仕事を頼んでから,三日経っても動かなければ,相手は,「いつになったら,やってくれるの?」と不満をもちます。たとえ,仕事を終えても,時間を置いてしまえば,「やっと? 遅いわよ」となってしまい,相手に感謝の気持ちは生まれません。仕事の中でも,特に,職員から頼まれた仕事は,素早く何らかの行動を起こすことが大切です。

仕事が来たら,すぐに始める

　職員からの依頼仕事や提出期限がある事務仕事はもちろんのこと,どのような仕事がきても,その瞬間から手をつける習慣をつけましょう。もしも,途中で他の仕事が舞い込んできたら,素早く優先順位をつけてしまい,そのときやっている仕事を続けるか,その仕事は一時切り上げて新しい仕事に着手するのかを決めてしまいます。よく,提出期限まで余裕のある仕事や,さし当たって期限のない仕事などは,「また,あとでやればいい」と,そのままにしてしまうことがあります。すると,うっかり忘れてしまい,後になって慌てる恐れがあります。**すぐに仕事に手を付けておけば,忘れる心配は皆無**になります。「仕事は溜めない」が大原則ですから,そのためにも,仕事が来たら,とにかく始めるようにしましょう。

職場に着いたらすぐに仕事モードに

　管理職になると,その日の日程確認や,郵便物の整理,家庭からの電話対応など,職場に入った瞬間から,やらなくてはならない仕事が待っています。「まずは,お茶を一杯」と,ゆっくりしているうちに,どんどん仕事がやってきて,予定していた仕事が後回しになってしまいます。お茶を飲むのは,毎朝決まっている仕事を手早く済ませ,職員朝礼が終わった後で十分です。

　職員朝礼の後でも,日によっては,休む暇がないこともあります。貴重な時間を大切に使うために,通勤の電車や自動車の中で,**その日の仕事をイメージしながら,気分を徐々に仕事モードに切り替えていきましょう**。また,前日帰宅前に,次の日の仕事をメモしておけば,出勤してすぐに仕事に取りかかることができます。

仕事に早く取りかかれば,早く仕事を終えることができ,うっかり忘れることもなくなる。できる限りフットワークを軽くして,やってきた仕事に早く取りかかるように心がけよう!

18時以降の仕事時間は捨てる
時間制限が仕事を効率化する

いつまでも仕事を続けることができるという意識は，仕事の効率を落とし，質にまで悪影響を及ぼします。定刻の17時までに，その日のすべての仕事をやり終えるという気概をもって仕事に取り組むようにしましょう。時間を制限することで，集中力が生まれ，効率的な仕事の仕方を工夫する努力が生まれます。

 終了時刻設定で，計画的に時間を使う

　地域によって異なりますが，管理職が定刻に帰宅できることは，まずあり得ません。しかし，たとえ，定刻には帰宅することなどできなくても，「せめて18時には，その日の仕事に決着をつけるようにしよう」と，考えるようにしましょう。時間が制限されると，やれるうちに仕事をどんどん進めてしまわなくてはならないと考えるようになります。仕事に集中力が生まれ，効率的で質の高い仕事ができることにつながります。管理職の仕事は，計画的に進めることはできませんが，限られた時間内で仕事を終えようという意識が，**わずか3分間をどのように使いこなすか**という，超短時間の計画を実行する習慣につながります。もし，設定した時刻になっても仕事が終わらない場合でも，それほど，負担になるほどの量は残っていないはずです。

事務仕事18時終了を目指す

　子どものトラブルや保護者対応，思わぬ施設・設備の破損対応など，予期しない出来事への対応には，時間の予測は全くつきません。しかし，提出書類や金銭会計などの事務仕事は，ある程度時間のメドがつくはずです。事務仕事のよいところは，中断しても，すぐに再開することができるところです。今の時代は，パソコンでデータを一時的に保存することも，引き出して改変することも容易にできます。たとえ３分間でも，わずかずつでも仕事を進めることができるところです。

　予期せぬ大きなトラブルが起きた場合は別にして，事務仕事については，その日の制限時間内に終えるように努力することが可能です。その日に予定していた事務仕事は，必ず18時までには終えると，固く誓いましょう。

職員の帰宅時刻が遅いのは管理職の影響

　「提灯学校」という言葉があるように，夜遅くまで仕事をしている学校が，全国には少なからず存在します。私の勤務する奈良市にも，夜遅くまで電気がついている学校がありますが，20時，21時は当たり前，遅いときには，24時を回ることもあると，知り合いの先生が言っていました。いくら忙しいとは言え，毎日遅くまで仕事をしていては，心身ともに参ってしまいます。**職員のメンタルヘルスのマネジメントは，管理職の重要な仕事**です。生徒指導など特別な仕事が入っていない日は，「遅くても20時まで」と，時間を区切るように指導しなくてはなりません。職員の帰宅時刻が遅いのは，管理職の時間管理・職員のメンタルヘルス管理に問題があると考えて，時には心を鬼にして，帰宅時刻設定を義務づけることが大切です。

> 終了時刻を設定することで，勤務時間内の動きにメリハリができる。限られた時間の中で，段取りよく仕事を進め，集中力を高めて質のよい仕事をしよう！

「一服」時間は捨てる
3分間あれば情報収集できる

一つの仕事を終えた後，少し体を休めたり気分をリフレッシュしたりして気分転換を図るのは，とても大切なことです。しかし，一服の時間を，身体を休め気分転換を図りながら，たとえば，職員の話に耳を傾け，指導の状況や児童の様子を把握する時間にすることもできます。そして，その時間は意外に，気分転換を図る時間にもなり得ます。

「仕事モード」を保ちつつ，気分転換

仕事中に，何も考えないで過ごす時間をつくってしまうと，たとえ3分間であっても，精神を元の状態に戻すのに時間がかかってしまいます。安心しきった状態で一服すると，気が付けば30分も経っていたということが珍しくありません。気分転換はとても必要ですが，**仕事モードから思考が切り替わるような休憩の仕方は避けなくてはなりません**。同じ気分転換でも，たとえば，事務仕事を終えたら，身体を動かす設備の修繕を行う。身体が疲れたら，職員と会話をして，学級経営や授業について助言や指導を行う。そのような仕事内容の切り替えによって，十分に気分転換することができます。

特に，日々，いつ何時トラブル対応をしなくてはならない管理職は，職場では常に「仕事モード」を保っていなくてはなりません。

わずかな時間を有効に使う

　仕事の合間にできる，ほんのわずかな時間にでも，その気になればやれることは数多くあります。他の教師が職員室で休憩しているときには，進んでこちらから声かけをすることもできます。３分間あれば，机上を片づけるのには十分です。気分転換を兼ねて，校舎内の見回りをして，子どもの様子を観察したり，危険箇所の点検をしたりすることもできます。

　管理職の仕事は，一年間を通して忙しく，いつ何時，仕事が重複してやってくるやもしれません。ですから，ほんのわずかな時間も無駄にせず，やれるときに，ほんの少しでも進めておく心がけが必要です。**些細な時間の「貯金」**が，職員との会話を増やして，学級経営や授業，体調や精神状態などを，さりげなく把握する余裕となって効果を発することになります。

 ## 昼食時間は，仕事を放棄する気持ちで休む

　仕事の合間にできるすき間時間は，先に書いた通り，何か他の仕事をしながらの一服時間に使います。しかし，管理職とて人間ですから，勤務時間中，休憩もとらず，集中して働き続けることは不可能です。30分間程度のまとまった休憩時間をとることも必要です。いつ何時，急な仕事が舞い込んでくるかは分かりませんが，できる限り昼食時には，ゆったりと休み時間をとるようにしましょう。接客や緊急のトラブルは別にして，お昼休みの30分間程度は，仕事を忘れてしっかり休むようにします。たとえ書類が回ってきても，昼食休憩が終わるまで目を通さないようにし，何か仕事を頼まれても，「昼食が終わってからでいいですか」と返して，完全とはいかないまでもオフの時間をつくるようにします。

> 「ちょっと一服」する時間は必要。しかし，次の仕事の段取りをしたり，異なる類の仕事に切り替えたりすることで，仕事モードを維持したまま，頭や身体をリフレッシュする方法を工夫しよう。

「ノッてるとき」は，他の仕事を捨てる
進められるときに一気に進める

仕事には「波」というものがあります。仕事内容やその日の体調や精神状態によって，仕事がどんどん進むときもあれば，反対になかなか思うように進まないときもあります。波にノッているときにどんどん進めた仕事は，質の高いものになりますし，何よりも気分よく終えることができます。調子がよいと感じるときは，その仕事に一極集中して片づけてしまいましょう。

 ### 「ノッている」ときの仕事は，質が高い

　不得意な分野の仕事をするときや，体調や気分が優れないときは，なかなか仕事がはかどりません。ノッていないときに進めた仕事は，後で見直すとミスが多く，文章などは書き直しせざるを得ないようなものになります。

　反対に，想像以上に仕事がはかどるときは，調子がよく「ノッているとき」と考えて間違いありません。この状態で進めた仕事は，些細なミスはあれど，一本芯の通った質の高い出来上がりになります。事務仕事であれば，適切な作業手順で効率よく進み，報告文章であれば，要旨のすっきり通った明快な文章に仕上がります。設備の補修や修繕なら，手際よくきれいに仕上げられます。だからこそ，調子のよいときにどんどん進めることで，全体的な仕事の質を上げていきましょう。

朝一番の仕事は,「得意な仕事」からスタート

　人には得意,不得意があります。一日気持ちよく仕事をするためには,朝一番のスタートが非常に大切です。朝の仕事については,得意なものから始めるに限ります。得意な仕事には,すんなりと入ることができます。仕事もはかどりますから,気分もノッてきます。仕事を終えた後は,充実感も味わうことができます。その気分がノッた状態で,一つ仕事をやり終えたという余裕の気持ちそのままで,次の仕事に取りかかることができます。気分よく一日のスタートを切ることで,たとえ不得意な仕事でも,比較的精神的な負担を少なくして進めることが可能になります。得意な仕事を先に済ませるか,後までとっておくか,人によって好みは違いますが,朝一番の仕事については,得意なものから始めましょう。

 はかどらないときは,仕事を変える

　仕事内容や精神状態によって,どうしても仕事がはかどらないときがあります。特に,気分が乗らないときの事務仕事は,相当な時間をかけてもはかどらず,イライラしてしまいます。もし,そのイライラが態度に表れると,職員にも悪影響を及ぼしてしまいます。最悪の事態を避けるために,「この仕事は,今ははかどらない」と感じたら,きりのよいところで早々に切り上げて中断するに限ります。そして,校内点検をしたり,設備の補修作業を行ったりして,気分転換しましょう。仕事がはかどらないときは,たとえば,倉庫や書庫の点検や整理整頓,教具や設備の補修といった,どちらかといえば身体を動かす仕事をするのが効果的だからです。

> 仕事内容やその日の調子によって,仕事の進捗状況には必ずムラができる。仕事がはかどるときは,どんどん仕事を進め,はかどらないときは,潔く中断するなどの工夫で,効率的で質の高い仕事を目指そう！

職員の相談時は，他の仕事を捨てる
頼られる管理職は「聞いてくれる」人

学校組織が活性化するためには，個々の職員が，やる気とモチベーションを高め，それぞれの力を発揮することのできる環境であることが大前提です。その職場を統括するのが，管理職です。職員にとって，「よい管理職」の絶対条件に，「話をしやすい」ということが挙げられます。頼られる管理職になるためには，いつも穏やかでいることが大切です。

職員のメンタルヘルスは管理職の重要な仕事

　保護者対応や生徒指導，学級事務や校務分掌，新指導要領に向けての準備作業など，現在の学校現場は息つく暇がないほど多忙です。心身の負担が限界を超えて，精神を患う教師が年々増えています。文部科学省の調査によれば，平成27年4月1日現在で，精神疾患を患って休職中の教師は5000人を超えています。また，若い教師の30％が，新採3年ほどで教職を去るともいわれています。職員のメンタルヘルスは，特に管理職にとって重大案件です。

　もしも，仕事が理由で休職するまでに追い込まれる職員が出たとすると，それは，管理職の責任が重大といえます。休職に追いこまれるまでに，何らかの処置をとることができるはずです。職員の健康を守るのは管理職の役割であり，管理職しかそれができないということを心しましょう。

第2章　これで慌てない！できるリーダーの時間マネジメント術

言葉がけが「薬」になる管理職を目指す

　学級経営や保護者対応で悩みを抱えている職員にとっては，些細な言葉が「凶器」にもなり「薬」にもなります。管理職からの言葉であればなおさらです。職員に対する管理職の言葉を，「薬」にするためには，日ごろから職員を「プラス評価の目」で見ることです。たとえば，「大丈夫？」という言葉でも，マイナス評価をしている人の言葉であれば，プレッシャーしか与えません。反対に，プラス評価をしている人の言葉は，温かく聞こえるものです。
　悩んでいる職員にとって，発した言葉が「薬」になるような，温かい言葉をかけることのできる管理職の存在は，どれほど心強いことでしょう。職員に，**「薬」になる言葉がけ**ができる管理職であるために，日ごろから，プラス評価の目で，職員に接するように心がけましょう。

「相談したくなる」管理職を目指す

　最近では，新しい人事評価制度が導入されて，「自分ができない教師だと思われたらどうしよう」「評価が下がったら困る」と，相談するどころではない場合も考えられます。現在のそのような体制が，管理職と職員との垣根を高くし，多くの教師の心身を衰弱させているともいえます。
　ですから，これからの管理職には，**「職員が相談したくなる資質」**が必要になります。どんなに深刻な悩みを抱えていても，信頼できる人でなくては，相談することはできません。つまり，信頼され慕われる管理職にならなくては，職員のメンタルヘルスマネジメントはできないということです。日ごろから職員の様子に気を配り，いざとなれば親身になって行動することで，信頼される管理職を目指しましょう。

> 職員から相談をもちかけるのは，勇気が必要なこと。「相談されることは，ありがたいこと」と考えて，真摯に話を聞こう。また，日ごろから気さくに話しかけられる雰囲気づくりに努めよう。

「自分が一番忙しい」意識を捨てる
管理職に大切なのは「余裕」

余裕がなくなると，周りのことが見えづらくなり，周りの人の気持ちを思い図ることもできなくなってしまいます。管理職の仕事は，目が回る程忙しいものですが，「自分が一番忙しい」と思っていると，「近寄るな！」オーラが周囲に漂います。他の職員にしてみれば，報告や相談をもちかけることが躊躇されることになってしまいます。

「自分が最も……」意識では，情報から遮断される

「自分が一番忙しい」と思いながら仕事をしてしまうと，職員の様子を観察する余裕がなくなってしまいます。もしかすると，重大なトラブルに発展しかねない事象を抱えている教師がいるかもしれません。「忙しいオーラ」は，報告や相談する気持ちを遠ざけます。職員にしてみれば，相手が管理職ですから，「もしも，機嫌を損ねたらどうしよう」と，声をかけるのを遠慮してしまいます。そうなると，大切な情報から遮断されてしまい，その結果大きなトラブルに発展する危険もあります。管理職には，職員のメンタルヘルスや子どものトラブル，保護者対応など，様々な情報をキャッチして，迅速に対応する責任があります。些細な情報をつかむためにも，職員の前では，いつも穏やかに構えて，声をかけやすい雰囲気をつくる必要があります。

「自分が最も……」と言う人は，無能と見られる

　出会う度に，「自分が一番苦しい立場にある」「自分は一番厄介な仕事を引き受けている」などと，大変な状況を自分は乗り越えていることを，暗に自慢する人がいます。私の経験上ですが，そのような人は，実は仕事に自信がないのだと感じます。もしかすると，職員の中には，「この程度のことで，アップアップするなんて，仕事ができない証拠だ」と，考える人がいないとも限りません。表には出しませんが，本心では，「頼りにならない管理職」と，ばかにされているかも知れません。

　本当に仕事ができる人は，傍から見ていて大変な仕事も，何食わぬ顔でこなしてしまいます。どんな仕事も，ひょうひょうとこなす姿を見せることも，職員の信頼を得るためには大切です。

「忙しい」と感じるレベルを上げる

　同じ仕事をしても，難しいと感じる人もいれば，容易と感じる人もいます。これと同じことで，「忙しい感」も人によってまちまちです。ですから，「忙しい感」を漂わせないためには，どのようにして「忙しい感」レベルを高くしていくかがポイントになります。その有効な方法として，**「無理にでも忙しいと思わない」**ように努力します。たとえ複数の仕事が重複しても，「今日中には必ず終わるのだから」と，努めて心を平静に保つように過ごします。短時間に終えることのできる仕事であれば，「短時間で仕事が一つ片づいてラッキー」と楽しむくらいの気持ちでやってしまいましょう。「忙しい感」は，自分の気持ちの持ち方で変化するので，仕事を忙しいと思わない努力を重ねることで，心の余裕を生み出すことが可能になります。

> 「忙しい感」を表に出してしまうと，大切な情報から遮断されることになる。「忙しい感」は，心のもち方によって随分異なるので，努めて「忙しい」と考えないようにしよう。

不測の事態は，計画を捨てる
管理職の仕事は想定外が普通

子どものケガや友達関係のトラブル，保護者対応など，学校現場には不測の事態が起きるのが当たり前です。深刻な問題になるほど，管理職が関わる確率は上がります。一日の大まかな計画を立てていても，いつ何時，不測の事態が起きるかもしれません。想定外の事態に対応するのが当たり前と考えて，そのときには，頭に描いていた計画を潔く切り捨てましょう。

 緊急事態の対応に全力で取り組む

　子どものケガや突然の保護者対応など，早急に取り組まなくてはならない事態は必ず起こりえます。提出書類などの締め切り期限が迫っているときや，仕事が重複しているときに限って，不測の事態が起こることがしばしばです。「何で，この忙しいときに !?」と，不満に思うかもしれません。しかし，不満を抱えた気持ちで，緊急事態に対応しては，失敗してしまう恐れがあります。「うっとうしいな。早く片づけてしまおう」とか，「適当に終わらせて，提出書類を仕上げなくては」などと考えてはいけません。
　緊急事態は，最重要案件であり最優先で対応しなくてはなりません。気持ちをそこに集中して，全力を注ぎこんで取り組まなくては，わずかな気の緩みや判断ミスが，命取りになってしまいます。

第2章　これで慌てない！できるリーダーの時間マネジメント術

計画通りいかないのが普通と考える

　時間割に沿って，緻密な計画を立て，ほぼ予定通りの時間で仕事をしてきた教諭時代とは異なり，計画があってないようなものなのが管理職です。一日の大まかな予定を立てることが必要ですが，**頭の中にある計画通りに仕事を進めることができないのが当たり前**と考えておく必要があります。多忙な毎日ですから，計画通りに仕事を進めたいとは思いますが，計画に固執すると，精神的に参ってしまいます。突然入ってきた仕事にペースを乱されたとイライラが募り，どの仕事も中途半端なものになってしまう恐れがあります。「いつ，どんなときも仕事が来るかもしれない」と心づもりをしておけば，「やってきましたね」と，気持ちを切り替えられます。仕事は，**メンタル面に大きく左右されます**から，どれだけ自分の気持ちを制御できるかがポイントです。

予定が狂っても怒らず焦らず

　不測の緊急事態があると，頭の中にあった計画を大きく変更せざるを得なくなります。立てていた段取り通りの仕事ができなくなることは，とても辛いものです。しかし，それでイライラしたり，焦ったりしていては，管理職は務まりません。描いていた予定が崩れてしまうことは，自分自身の問題に過ぎません。それを，イライラした態度に表しても，傍から見ている職員には，理解されませんし，反発や嫌悪感を抱かせることになってしまうだけです。気持ちを安定させるためにも，予定が狂っても大丈夫なように，やれるときに仕事を進めておくとか，急いでランク付けをして，取り急ぎやってしまわなくてはならない仕事から片づけていくなど，工夫することで，随分気持ちが変わってきます。

> 不測の事態が起きて，計画や段取りが狂ったときは，決してイライラしないことが大切。「計画通りにいかないのが当たり前」と，大きく構えるためにも，やれるときにどんどん仕事を進めておこう！

提示された
締め切り期限を捨てる
信用を守るために

教育委員会やPTA活動などの書類作成や，保護者や地域への文書配布など，期限が決まっている仕事は，山のようにあります。仕事に応じて様々ですが，ほとんどの仕事が，締め切り期限まで2週間から1か月と，時間に余裕があります。「まだ余裕があるから，大丈夫」と，手を付けるのを先延ばしにしていると，知らぬ間に期限が近付いてしまい，慌てることになりかねません。

締め切りを守ることは信用を守ること

　期限まで時間に余裕があるからと，手を付けるのを先延ばしにしてしまうと，その間に他の仕事がどんどん入ってきて，ついうっかり忘れてしまう危険があります。仕事を依頼した立場で考えてみれば，期限オーバーすることで，仕事の計画が狂ってしまいます。期限を守らない人を信用することはできません。場合によっては，二度と仕事を頼まれなくなるかもしれません。**締め切りを守ることは，自分自身の信用を守ること**につながります。また，期限ぎりぎりになって始めると，焦ってミスをしがちです。ミスが多く使い物にならない資料を提出された相手方にどう思われるかは言わずもがなです。地域への配布物の配送ミスが起きれば，学校全体の信用問題になってしまいます。締め切り期限には，神経質になるくらい気を付けておきましょう。

「マイ締め切り期限」を設定する

　締め切りと聞くと，プレッシャーを感じる人もいるでしょうが，「ここまでに仕事を完成させる」という目標を与えてくれるものでもあります。特に，私のような意志薄弱な人間は，締め切り日を設定してもらわなくては，怠け心に負けてしまって，いつまで経っても仕事に取りかかろうとは考えません。**締め切りによって生じる「外圧」が，仕事を進める力**になっていると言っても過言ではありません。この原理を利用して，現在私が実践しているのが，「マイ締め切り期限」を設定して仕事をすることです。たとえば，1か月先が締め切り日であれば，締め切りを2週間前に前倒しして設定して仕事をするのです。「マイ締め切り」とは言え，必ず期限を守るようにします。すると，仕事に早く取りかかることができ，仕事に集中力が生じます。万が一，仕事がずれこんでも，本物の期限は必ず守られることになります。

早めの仕事は，危機管理

　仕事が早いことで，文句を言われることはありません。また，「使い物にならない」と思われることも，まずありません。多くのリーダーたちが，仕事を早く進める人を認めています。早く取りかかり早く完成すれば，検討する時間が生まれます。様々な意見をもらうこともできます。また，いつ何時，緊急の仕事がやってきたとしても，早めに仕事を進めておくことで，余裕をもって急な仕事に対応することが可能になります。

　様々な意味で，**100％の遅い仕事より，80％の早い仕事**の方が，よい仕事といえます。締め切りぎりぎりまで仕事を残しておくのではなく，できる限り早く完成させるように心がけましょう。

> 設定されている締め切りが，仕事を進めるための「目標」となる。仕事が早いことは，「できる管理職」の条件。締め切り期限を自ら設定して，早い仕事を目指そう！

余暇の時間は仕事を捨てる
いざというときの心の余裕を蓄える

よい仕事をするためには，何よりも集中力が大切です。集中力を高めるためには，仕事と余暇とのメリハリをしっかりつける必要があります。仕事に集中するためには，余暇時間を有効に活用する必要があります。オンとオフの切り替えがうまくいけば，日々の生活が充実したものになります。「働くときは働き，休むときは休む」という当たり前のことを大切にして過ごしましょう。

人格を磨くのも仕事

　管理職は，職場を仕事がやりやすい環境にしなくてはなりません。そのためには，職場の人間関係が円滑に行われる必要があります。管理職と職員とのタテの関係づくりはもちろんのこと，職員同士のヨコの関係づくりにおいても，管理職の果たす役割は重要です。そのためには，単に仕事ができるというだけでなく，人間的な魅力を身に付けることが重要になってきます。

　ビジネス書で紹介される著名な人々は，超一流の仕事人でありながら，超一流の趣味人でもあります。仕事以外の話題にも長じていて，人間として大きな魅力を持っています。それに加えて，人格者と言うにふさわしい風格を備えています。余暇を上手に活用することで，様々な知識や技能を磨くことができ，巡り巡って仕事に生かされていくのだと思います。

「けじめ」が，仕事の質を高める

　オンとオフの切り替えがうまくいくと，心身ともにリフレッシュされます。その結果，仕事に集中力が生まれ，効率的かつ質の高い仕事につながります。毎日夜遅くまで仕事をしたり，家庭に仕事を持ち帰って土日も仕事をしたりする人がいますが，よい仕事ができているかと問われれば，はなはだ疑わしいと言わざるを得ません。私の経験ですが，神経を張り巡らして集中すれば，かなり効率的に仕事を進めることが可能です。そして仕事中の集中力を持続させるためには，必ずしっかりとした休暇が必要です。朝早くから夜遅くまで，けじめもなく仕事を続けることは，好ましいものとは言えません。オンとオフのけじめをしっかりつけることで，質の高い仕事につなげることも，仕事に対する充実感を味わうこともできるはずです。

 ## 心の余裕と豊かな見識が円滑な人間関係を築く

　いつも仕事に追われて，余裕が感じられない管理職に対して，「ちょっと相談してみようかな」と思う職員は，まずいません。楽しく会話できない人に，声をかけたいとは思いません。ましてや相談などできるはずはありません。よほど差し迫った仕事でない限り，穏やかに余裕を見せておかなくてはなりません。心の余裕をつくり，見識を広めることで，職員との会話が増えて，円滑な人間関係を築くことができます。

　何をすることが自分にとってリフレッシュになるのかは，人によって異なりますが，仕事を忘れる時間は必ずとるようにしましょう。もし，可能であれば，見識を広めるためにも，他の事は何も考えないで打ち込むことのできる趣味を見つける努力をしてみましょう。

> オンとオフの切り替えができてこそ，効率的で質の高い仕事が可能になる。休養時に打ち込める趣味を見つける努力をして，心身ともにリフレッシュさせ仕事の充実につなげよう！

心を鬼にして守る

「毎日，何時に帰ってる？」
　教頭同士で会話するときに，あいさつのように交わす言葉が，これです。近隣の小学校の教頭先生方は，20時までに学校を出ることは，まずできないと言う人がほとんどです。中には，毎日22時をまわるという教頭先生もいます。退勤時刻が遅くなる理由は，「先生方の仕事が終わるのを待っているから」です。

　私は，教頭職として二校目の勤務になりますが，19時には帰宅することができるようになっています。年度初めや学期末などの忙しい時期でも，遅くても20時までには退勤するように，先生方には声をかけています。
「それは，うちの学校では不可能ですよ」
と，おっしゃる方が多いのですが，前任校も現在勤務している学校も，多くの課題を抱えている学校と言われています。何かあれば，夜中まで学校に残らなくてはなりません。だからこそ，普段はできる限り早く退勤して，次の日の英気を養っておく必要があります。それは，私のような管理職以上に，直接子どもと関わる先生方にとって，重要なことなのだと思います。

　教師の仕事にはきりがありません。若いうちは，長時間働く体力も気力もあると勘違いしてしまいます。先生方が，毎日元気で溌剌とした姿で子どもと接することができるように，時には心を鬼にして学校を閉めることが，管理職の役割だと思っています。

第 3 章

「相手意識」を重視する！リーダーが身に付けるべき仕事術

組織を統率し牽引する立場だからこそ，
相手の立場に立った仕事の進め方をして，
職員が働きやすい環境づくりに
努める必要があります。

「100%の仕事」意識を捨てる
早い仕事が関係機関の信頼を得る

誰でも，ミスのない完璧な仕事をしたいと思っています。しかし，どれだけ気を付けていても，手直しせざるを得ないことがほとんどです。100%を目指して仕事をするためには，相応の時間を必要とします。はじめから100%の仕事を目指すよりも，80%の出来でも早く仕上げて，助言・検討・修正する時間を確保する方が，効率的かつ完璧に近い仕事になります。

 不完全でも早い方がよい

仕事をするとき，最もエネルギーが必要なのは，「取りかかり」です。手を付けてしまえば，気分も徐々に乗ってきて，仕事は進んでいきます。ところが，手を付けるまでが大変で，「もう少し後でやろう」「明日にしよう」と，始めるには，かなりの気合いと勇気が必要になります。完璧な仕事をしようと考えると，手を付けるのがさらに憂鬱に感じるものです。

「**出来栄えはさておき，とにかく始めてしまおう**」と，気軽に考えることで，取りかかりやすくなります。仕事は，始めてしまえばしめたものです。徐々に気分が乗ってきて，気が付けば終わっていたということもしばしばです。見直しや修正などは，それほど労力を費やす必要がありません。不完全でもいいので，とにかく一通り仕上げてしまうことが重要です。

早い仕上げは，熟考時間を保障する

　たとえ70％，80％の仕上がりであっても，早く仕上げることによって，時間と気持ちの余裕が生まれます。期日までにできた余裕時間を利用して，一旦仕上げた仕事を点検することができます。一応は，最後まで仕上げてあるので，そこに手直しをするのは，最初から始めるのに比べれば，時間的にも気分的にも負担がありません。事務的な仕事なら，文章をじっくり読んで考え，よりよいものに仕上げることができます。設備の点検や管理であれば，再度チェックして万全を期すことができます。すると，はじめの作業では気が付かなかったことが見えてきます。最初から100％を目指して時間をかけるよりも，70％，80％のものを，再度チェックした方が，確実によい仕事になるはずです。

 ## 相手を思う気持ちが早さを生む

　前章でも書きましたが，仕事には必ず「相手」がいます。自分の仕事を思い出せば理解していただけると思いますが，依頼した仕事を受け取らなくては，先の仕事を進めることができない場合が多々あります。余裕をもって期限を区切ってはいるものの，受け取りが早いほど相手は助かります。80％の仕上がりのために，たとえ訂正箇所があったとしても，早く仕上げていれば，チェックをしてもらい，相談に乗ってもらう余裕もできます。

　また，自分では100％の出来栄えと思っていても，相手からすると，完璧ではないことがほとんどです。80％の出来でも，早く終えて相手に点検してもらった方が，結果的に仕事をやり終えたときには，よりよい仕事に仕上がるというものです。

> 100％を目指して，時間をかけて仕事をしても，自己満足で終わることが少なくない。80％だとしても，できる限り早く仕上げるように心がけ，チェックと修正の時間に余裕をもたせよう！

「また後で」対応を捨てる
報告・相談には真摯に対応する

一つの仕事をしていても，職員からの報告や相談が舞い込んでくることは日常茶飯事です。仕事に集中していると，そちらを片づけてしまいたいという思いから，「また後で」と，言いたくなります。しかし，特に担任教師には，時間的なチャンスが多くはありません。報告や相談に来た職員には，やりかけの仕事を中断して，面と向かって真摯に話を聞くように心がけましょう。

報告と相談を受けるのが管理職の仕事

　職員への助言や指導は，管理職の重要な仕事の一つです。他の仕事とは異なり，職員からの報告や相談には，「時機」というものがあります。そのときの感情や状況でなくては，相談に乗ったり助言や指導をしたりしても意味がないことが多々あります。「ちょっと待ってね」と言った瞬間に，「真摯に向かい合ってくれないんだな」と，気分を損ねる人もいるでしょう。後で聞こうと思っていても，そのときには問題が解決していて，聞いても無駄ということもあり得ます。そのようなことが続くと，「あの管理職に相談しても仕方がない」「結局，何の対応もしてくれない」と，思われてしまいます。
　他の仕事は，一時中断しても，後でやることが十分に可能ですから，職員の報告や相談は，何をさておいても真摯に聞くように心がけましょう。

心がけ一つで，評価が分かれる

　人と会話をするときに，他の仕事の手を止めて相手に向き合い，目を見て話を聞くのと，他の仕事をしながら聞くのとでは，相手がどう思うのかは言わずもがなです。管理職が他の仕事をしながら職員の話を聞くような態度をとると，「私が目下だと思って，ばかにしているのか？」と，信頼を失ってしまいます。反対に，仕事の手を止めて真剣に向き合えば，「私のような者の話も真剣に聞いてくれる」と，感動さえしてくれます。管理職という立場だからこそ，**相手に向き合う姿勢一つで，評価が正反対になる**ということです。少しでも，相手に対して不遜な態度をとると，「威張っている」「見下している」と，思われてしまいます。「実るほど頭の下がる稲穂かな」と言われますが，管理職になると，相手の気持ちを思いやり，謙虚な姿勢で相手に対することが重要になります。

 ## 目上の人にも「後で」と言えるか考える

　そもそも，自分より目上の人に声をかけられて，「ちょっと待ってください」「また後で」などと，言えるかどうか考えてみましょう。たとえば，あなたが教頭職の場合，校長先生に，「ちょっと，こっちに来て」と言われて，「後にしてください」とは，言えないと思います。報告や相談に来た職員に対して，「ちょっと待って」「後にしてくれる？」などと言うことができるとすれば，それは，あなたが，相手に対して敬意を払っていない証拠といえます。もしくは，相手が目下だと思って，甘えているのかもしれません。いずれにしても，相手の立場によって，対応を変える姿は，見ている人にとっては気持ちのいいものではなく，人としてほめられることでもありません。

職員からの報告や相談は，「時機物」。機会を逃すと意味がないことも多々ある。報告や相談がきたら，他の仕事の手を止めて，真摯な姿勢で向き合うようにしよう！

「聞くのは恥」という気持ちを捨てる
できる管理職には情報が集まる

分からないことや知らないことがあることを、「恥ずかしい」と思う人がいます。そのため、他の誰かに尋ねるのを躊躇して、お門違いな間違いをしたり、期限に間に合わなかったりして仕事に支障をきたしてしまいます。「分からないから勉強する」と、子どもたちに教えてきたはずです。管理職になったからといって、人に尋ねることは何ら恥ずかしいことではありません。

尋ねられないのは偉ぶっている証拠

　たとえどんなに天才であっても、知らないこと・分からないことはたくさんあります。「自分の知っていることなど、ほんの微々たるものでしかない、皆無に等しい」と考えれば、謙虚な気持ちになります。知っている人に教えを乞うことは当然であり、恥ずかしいとは微塵も思わないはずです。つまり、尋ねることができないというのは、「自分を大きく見せたい」「他人からできる人間と見られたい」という、不遜な気持ちがあるからに他なりません。しかし、偉ぶればそれだけ、周囲からは「仕事ができない」というレッテルを貼られてしまいます。特に管理職という立場であれば、「あの程度でよく管理職になれたね」と、軽視されることになります。「分からない・知らない」と正直に言う。知らなければ誰かに尋ねる。そういう謙虚で誠実な姿勢が大切です。

第3章 「相手意識」を重視する！リーダーが身に付けるべき仕事術

 悩む時間があれば尋ねよ

　分からないことがあれば，**知っている人に尋ねるのが一番効率的**な方法です。特に，事務的な手続きや資料作成に当たって必要な専門的な知識などは，それらを熟知している人に聞く方が，確実です。自分で考えても，結局間違いや失敗が起きてしまい，労力と時間を無駄に浪費するだけに終わってしまうことがほとんどです。あれこれ悩んでいる間に，他の仕事が入ってきて，仕事が進まないままで終わってしまう恐れもあります。一通り目を通して仕事を始め，調べても分からないときには，迷わず他の職員や教育委員会など，知っていると思われる人に尋ねるようにしましょう。

　じっくりと悩み考える時間は，管理職の重要な仕事である，トラブル対応や危機管理に関する事案のために蓄えておかなくてはなりません。

 尋ねることで知識と情報が集まる

　長年の間蓄積されてきた，知識や技能を，自分だけの力で獲得することは，時間と労力を必要とします。管理職は多忙ですから，効率的に仕事を進める術が必要です。苦労して自分の力でやることは，もちろん必要なことですし，無駄なことではありません。しかし，その道の専門家に尋ねることで，知らなかった知識や技能を，短時間で獲得することが可能になります。

　また，「そんなことも知らないの？」と尋ねてきた人をバカにしたり，「何で教えなければならないの？」と，回答を拒絶する人はまずいません。反対に，「頼ってもらえた」と，暗に自分が認められていることを喜ぶ人の方が多いはずです。

知らないこと・分からないことを尋ねるのは，決して恥ずかしいことではない。仕事を効率的に進める姿や，仕事に誠実に向き合い，謙虚な姿勢で取り組む姿勢を，率先して職員に示していこう！

虚栄心を捨てる
些細な仕事が最優先

学級通信や学年通信，保健室だよりなど，家庭向けの配布物をチェックする仕事。有給休暇や出張伺いなどの決済の仕事など，それほど労力を必要としない「些細」な仕事がやってきます。他にも，電話受付や来客への対応，郵便物や宅配便の受け取りなど，雑多で些細と思われる仕事を最優先して行うことが，職員の負担を削減し，信頼を得ることになります。

働きやすい環境づくりが管理職の務め

　学校運営を円滑に行うにあたって，最も肝になるのが，**「職員がいかに働きやすい環境にできるか」**です。「働きやすい環境」の条件として，人間関係が円滑であることに加えて，教職員が，学級経営や授業に可能な限り専念できることが挙げられます。たとえば，授業用のプリントをコピーしている最中に，コピー用紙がなくなり，補充しなくてはならないというだけでも，仕事が滞ります。朝の授業前準備中には，わずかな時間であっても，電話対応は負担です。このような雑多な仕事は，軽視されがちですが，実は日常的な問題なのでとても重要です。管理職の仕事は忙しいとはいえ，時間の使い方に自由がききます。時間割に制限される立場にある職員を少しでもサポートすることが，巡り巡って，円滑な学校経営につながると考えましょう。

フットワークは安心度のバロメーター

　電話番，印刷室の準備やちょっとした修理などは，職員からすると，誰かにすぐにでもやってもらいたいというものばかりです。教室で子どもを待たせている手前，職員自らやるわけにもいきません。頼りになるのは，事務員さんや用務員さん，管理職という学校がほとんどだと思います。「そのような仕事は，管理職の仕事ではない」と，動こうとしない管理職の下では，職員は安心して仕事に専念することはできません。配布物のチェックをしてもらうのにも，「忙しいのかな？」と，気を使ってしまいます。気軽に声をかけることができないようでは，本当に大切なことを相談したり報告したりするのにも，躊躇してしまいます。管理職には，**教員の助けになる仕事を，どのような仕事でも進んで行うフットワーク**が大切です。

「人の役に立つ」と考える

　管理職が率先して，雑務のような仕事をする姿を見て，その人を軽視する人はいません。しかし，管理職の中には，「雑用にばかり使われて，軽視されている」と，不満を抱いている人が少なからずいます。私も，管理職を拝命したばかりのころは，「教頭とはいえ，これが教師の仕事か？」と，憤慨したものです。しかし，自分が行っている仕事が，多くの先生方をサポートすることになり，結果子どもを支援することにつながると気づいたときから，管理職の仕事にやりがいを見出すことができました。そして，仕事を選別するような気持ちになっていた自分を反省することができました。

　職員を指導するだけではなく，職員のサポーターとして役立つことに，管理職のやりがいを見出すべきだと思います。

> 仕事に，上下・優劣をつけてはいけない。すべての仕事が子どもの教育につながっていると考えて，管理職として職員のサポーター役に徹するように心がけよう。

不平や不満の気持ちを捨てる
リーダーは，前向きな姿を見せよう

決まりの遵守や生徒指導，学級経営や保護者対応などへの指導や対応の仕方について，不備や不足があったとしても，職員に対して不平や不満をもってはいけません。不平や不満をもつと，それが態度に表れて，職員からすれば，責任を押し付けているように感じさせることになります。職員の失敗は，管理職がカバーするものと考えて，前向きな姿を見せるようにしましょう。

プラス思考で物事をとらえる

　学級担任の姿勢で，クラスの雰囲気が変わるのと同じで，管理職の姿勢は，職員室の雰囲気や職員の士気に大きく影響します。些細なことに目くじらを立て，お小言のように指導を入れる管理職の下では，職員は委縮してしまいます。一方で，どんなに困難な事態が起きても，管理職があきらめずに前向きに対処する姿勢を見せれば，職員が一丸になって事態に取り組むことが可能になります。大切なことは，どんなことでも，プラス思考を忘れないことです。職員の不備・不足が元でトラブルになっても，「この局面を乗り切ることで職員が成長できる」と捉え，保護者からの苦情にも，「大きなトラブルになる前に伝えてくれてありがたい」と考えます。**リーダーが前向きな姿勢を見せる**ことは，組織の士気を高め結束力を強くします。

不平不満をもつと，どんどん孤立する

　日ごろの仕事や職員に対して，不平不満を抱くと，仕事がばからしくなったり，職員の些細な言動にカチンときたりします。そして，さらに不満が高まっていき，「負のスパイラル」に陥ってしまいます。不平不満を抱いていると，それが自然に態度に表れてしまいます。話しかけづらい雰囲気が漂い，職員がどんどん離れていきます。それが不平不満をさらに高めることになり，どんどん孤立していってしまいます。**職員の協力がなければ，進めることのできない仕事が数多くあります。**それ以上に，職員との関係がうまくいかなくなると，勤務する学校を嫌いになってしまいます。そうなると，学校経営全体に悪影響を及ぼすことになります。個人的にも，仕事に対する楽しみや充実感を失うことになってしまいます。

前向きなリーダーに人は集まる

　人は誰でも，明るく前向きな人のところに集まります。その人の傍にいると，自分までが前向きな気持ちになり，どんなことでもできる気にさせられます。野口芳宏先生は，**「最高の教師は人を感化する教師」**と言っておられますが，学校のリーダーである管理職は，職員から慕われる人物を目指すべきだと思います。人が集まるリーダー足り得る管理職になるためには，仕事ができるだけではなく，責任感や包容力に加えて，プラス思考といった人格的な資質を磨く必要があります。

　物事を前向きに考えることは，考えているよりも難しいことですが，闘う相手が自分自身ということを考えれば，誰でも実現することができるといえます。日ごろから，不平不満に捕らわれる心と闘いましょう。

> 不平不満を抱くと，どんどん負のスパイラルに陥り，周囲と孤立して，仕事に対してやりがいが感じられなくなってしまう。プラス思考で物事をとらえる努力を怠らず，人を引きつけるリーダーを目指そう！

断りたい気持ちを捨てる
仕事から逃れられないのが管理職

子どものトラブルや保護者対応，道具の修理や資料作成等々，雑多で様々な仕事が管理職には舞い込んできます。中には，「それはちょっと無理」と，そのまま相手に突き返したいものも含まれています。しかし，「断ること＝逃げること」と思われかねません。やってみて無理だったとしても，一旦は引き受けて挑戦することが大切です。

自分から進んで関わる

　学級担任が何らかのトラブルに対応しているのを見かけることがありますが，「何かあったのかな」と察知したら，情報を正しく把握するために，「どうしたの？」と声をかけ，**暗に報告を求める**ようにします。管理職だからこそ，トラブルが起きたときに，介入することができます。情報を手に入れておくことで，「知らなかった」という事態を防げるのです。職員も，管理職に知っておいてもらえれば，いざというときに相談しやすくなります。

　また，子どもがケガをしたり，ケンカをしたり，物を壊したりしたときなどは，できる限り現場に足を運んで，状況把握するようにしましょう。後で他の教師からの報告を聞くよりも，自分の目で見た方が，正確に事実確認することができ，担任への助言も的確にできます。

引き受けることで，力を伸ばす

　たとえ難しいと思われる仕事でも，引き受けてしまえば，最後までやらざるを得なくなります。少々の無理が，自分の力を伸ばしてくれます。仕事を断る人の言い訳に，「力がついてからにします」というものがありますが，やらなければいつまで経っても力はつきません。「力は，挑戦しながら伸ばすもの」です。トラブル対応から逃げていては，いつまで経っても，対応力は身に付きません。おまけに職員からの評価は下がってしまいます。

　誰からの依頼であっても，**仕事がきたら断らない**。自分の不得意分野であっても，少々無理だと感じても，引き受けることで，職員からの評価も上がり，自身の力量を上げることもできます。

一度逃げると，逃げ癖がつく

　人間誰でも，「自分のペースで仕事をしたい」「できることなら，保護者対応や子どものトラブル等のややこしい案件に首を突っ込みたくない」というのが本音です。しかし，職員が働きやすい環境を整えたり，最終的に責任を取ったりするのが，管理職の役割です。逃げることは職責の放棄と思われても仕方ありません。なによりも，職員から管理職の資質がないと見限られてしまいます。誰でも，順調で快適な時間を送りたいと思います。しかし，一時の安楽のために，責任逃れをしてしまうと，それが癖になって，逃げ癖がついてしまいます。わずかな時間を惜しんで一本の電話を取ることを逃れるといった，ほんの些細な「逃げ」から始まって，ついには，管理職の責任から逃げ出してしまうような「逃げ癖」が身に付いてしまいます。仕事を頼まれたら断らない，いやでも踏ん張って逃れない強い気持ちをもちましょう。

> ほんの些細な仕事を惜しんで断るようでは，「逃げ癖」がついてしまい，管理職の責任を問われるような仕事からも逃げるようになってしまう。どんな仕事でも，断らないように心がけよう！

自己中心的な考え方を捨てる
常に職員の気持ちを考えておこう

人間は誰でも，自分中心で物事を考えがちになります。管理職が自己中心的な考え方や行動をとれば，大きな悪影響を学校や職員が被るだけでなく，大打撃が管理職自身に還ってきます。「管理職は，学校と職員のために働くのが仕事」と考えて，日々言動には気を付けなくてはなりません。

 職員を無視すると「権威主義」のレッテルを貼られる

　自分が考えているように職員が動いてくれない。自分の考えが，職員に理解されない。時には，職員と管理職との間で意見の対立が起きることもあります。そのようなとき，何が何でも自分の意に従わせようとすると，職員の気持ちは離れていってしまいます。いくら管理職側の意見に筋が通っていても，上から押さえつけるような態度で命じると「管理的」とレッテルを貼られてしまいます。ましてや，職員側の言い分にも一理あるという場合に，「上司の命令には従うものだ」的なやり方をすれば，「自己中心的」ととられても仕方ありません。ひと昔前とは違い，以前に比べれば現在の管理職には，様々な権限を執行することが容易になっています。だからこそ，職員の立場を理解して慎重に物事を進めていかなくてはならないともいえます。

言葉遣いや態度には十分配慮する

　管理職からの指示伝達事項に対しては，ただでさえ「従うべきもの」という意識が，職員にはあります。上司の命令ですから，たとえ自分の意に添わなくても従わざるを得ないと考えています。ですから，職員には，管理職の指示や指導を納得して気分よく受け入れてもらえるような工夫が必要です。「一応上司だから」「逆らうとややこしいから」という気持ちでいるのと，「あの人が言うのだから間違いない」という気持ちになるのとでは，どちらが学校のためになるのかは言わずもがなです。管理職という立場になれば，職員の気持ちが痛いほど理解できても，教育委員会からの指示に従って，命令せざるを得ない場合もあります。せめて，**職員の気持ちを慮って労をねぎらう言葉の一つもかける配慮**が必要です。

 ## 「職員あっての管理職」を忘れずに

　学校経営を効果的に行うためには，全職員の協力が必要であることは言うまでもありません。管理職だけで，教育効果を上げることなどできるはずはありません。管理職の立てた方針を理解し，目標に向かって実働してくれる職員がいてはじめて，学校がチームとして機能します。「管理職である自分が学校を牽引していく」という意気込みと決意をもつことは重要です。しかし，自分の描いたシナリオを具現化するためには，全職員の力が必要であることを忘れてはいけません。

　「職員あっての管理職」という気持ちで職員に接し，日々の職員の努力を認め，感謝する心を忘れていない管理職でありたいものです。

> 管理職の言葉は，時に，「押しつけ」「服従の要求」ととらえられることがある。職員に対する指示や指導をするとき，相手の状況や気持ちを思いやり，態度や言い方に気を配ることを忘れないようにしよう！

「無駄な仕事」意識を捨てる
管理職は「縁の下の力持ち」

現在，管理職になっている多くの教師が，長年子どもの指導に力を注ぐことに，情熱と労力を注いできました。ところが，管理職になったとたん，「これが教師の仕事か？」と思うような役割を担うことになります。しかし，管理職の仕事は，職場の教師が，仕事をしやすい環境づくりをすることです。「縁の下の力持ち」の立場に，やりがいを見出しましょう。

無駄な仕事はない

　子どもを指導してきた教師にとって，「なぜ，下働きのような仕事をしなくてはならないの？」という気持ちになってしまうことは，仕方のないことなのかもしれません。しかし，管理職は，学校に赴任した瞬間から，学校や職員のことを掌握し，牽引していかなくてはなりません。授業や行事に必要なものがどこにあるのか，誰がどの校務分掌を担当しているのかといったことから，職員の人柄や人間関係の把握にも努めなくてはなりません。管理職，特に教頭職の日ごろの仕事は，雑用的なものが多くなります。しかし，「これが管理職なのか？」という意識をもつことは，事務員や用務員，若手教師を見下しているということです。たとえコピー用紙の補充も，巡り巡って子どもたちに還っていくものと考えれば，「雑用」などと思えなくなるはずです。

多様な仕事の経験が，視野を広げる

　管理職とは，組織の中心にいて，職員を束ねる役割を担っています。職員を束ねるためには，教育に関する専門的な知識に長けているだけでは不十分です。備品のありかなど学校の様々なことを知っておく必要があります。組織の上に立つ者として，「知らない」「分からない」では頼りになりません。「〇〇先生に聞けば何でも知ってる」というくらいで当たり前と考えましょう。

　教諭時代にはあまり関係のなかった仕事をするようになると，専門業者とのつながりができたり，自身の知識や技能が広がりを見せたりと，視野が広がっていきます。そのことが，職員に対する指導助言に役立つようにもなります。職員をまとめるという，管理職の資質向上のためにも，様々な仕事を経験することは有難いことと考えるようにしましょう。

目立たない仕事は「人間修行」の場

　管理職の仕事は，周囲の人たちが考えているような華やかで目立つものばかりではありません。特に教頭職などは，目立たないところで，職員をサポートする仕事ばかりだと言っても過言ではありません。管理職ですから，**ほめてくれる人もいません**。時には，仕事のやりがいを見失うこともあるでしょう。しかし，だからこそ，管理職に必要な人間的な資質を磨く，またとないチャンスとも言えるのです。「縁の下」の仕事をすることによって，見えてくることがたくさんあります。まず，自分が教諭時代に，管理職が陰で支えてくれていたことに気づきます。脚光を浴びない仕事にやりがいをもち，地道に仕事をしている職員を認め，励まし，ほめることの必要性に気づきます。

> 管理職の仕事は，決して華やかでもなく脚光を浴びる仕事ばかりではない。「縁の下」の仕事を全力で行い，人に対する感謝の気持ちと職員を認め励ます力を身に付けるように努力しよう。

「偏った接し方」を捨てる
管理職は，公平・公正さを見られている

同じ職場で働く人の中には，気の合う人もいればそうではない人もいます。特に，管理職に対して批判的な人や，自分とは仕事観や価値観が異なる人などに対しては，苦手意識をもって敬遠しがちになります。しかし，人によって著しく対応が変わってはいけません。たとえ好き嫌いはあっても，誰にでも公平に接し，公正に評価するように心がけなくてはなりません。職員は，管理職の公平さと公正さを見ています。

学級経営の延長と考える

　子どもに最も嫌われる教師は「ひいき」する教師です。このことは子どもに限ったことではなく，大人でも「ひいき」する人間を好きな人はいません。組織を束ねる管理職には，ことさら，公平・公正に職員に接することが求められます。子どもが担任教師に認められたいと思うように，**職員も管理職に認められたい**と思っています。ですから，「この人は苦手だ」と思ってしまうと，自然に接触が少なくなり，その人のよさを見つけることも，認めることもできなくなってしまいます。その結果，相手に「自分を正当に評価してくれない」と思わせてしまい，「ひいきする管理職」というレッテルを貼られてしまいます。担任時代の学級経営と同じで，まずは，どの職員に対しても苦手意識をもたないように努力することが重要です。

すべての職員と一日一会話

　職員の中には，管理職に対してかなり批判的な人もいて，何かあるとカチンとなるような態度をとってきます。場合によっては，管理職の些細な発言を取り上げて，「パワーハラスメント」と挑んでくる人もいます。しかし，このような人も，最初から過激な反発をしていたわけではありません。日ごろの管理職との確執が積もり積もって，修復不可能な状況になってしまったと考えられます。大切なのは，毎日の積み重ねです。会話が多ければそれだけ，人間関係も深まっていきます。たとえ「苦手だ」「厄介な人だ」と思ったとしても，接触して会話する機会を増やすことで，互いに理解するところもできてきます。そのためには，管理職のあなたから，接触する機会をつくるしかありません。クラスの子どもたちにそうしたように，管理職は，最低でも一日に一度はすべての職員と会話をするように心がける必要があります。

 苦手な人のよいところを見つける

　苦手な人に対しては，マイナス評価をしがちです。その気持ちが相手に自然に伝わって，相手にも反感を抱かせます。それが，こちらのマイナス評価を拡大させて……というように，相手の欠点や短所が目に付き始めると，どんどん悪いスパイラルに陥ってしまいます。そうならないためには，苦手と感じる人のよい面に目を向ける努力が必要です。どんな人でも，必ずよいところはあり，それが見えないのは，見ようとしないこちら側に非があります。よいところを見つけようという気持ちが，相手に伝わることで人間関係が出来上がるのです。すべての職員を公平に評価する力が求められる管理職には，全員のよさに目を向けることができなくてはなりません。

> 管理職は，すべての職員に対して，公平・公正な姿勢が求められる。そのためにも，誰に対しても苦手意識をもたないように，一日に一度は必ず声かけをして，よいところを探す努力をしよう！

命令口調を捨てる
自分で率先する姿を見せるのがリーダー

管理職は，職員にとっては「上司」にあたります。しかし，職員に対して尊大な態度をとったり命令口調で接したりしては，職員から反発されたり人間関係に悪影響を及ぼしたりします。特に教師には，教育者としてのプライドがあります。尊重する気持ちを忘れず，相手の気持ちを慮る姿勢で接することが大切です。管理職として信頼されるためには，口先だけでなく，自分で率先して行動する姿を見せることが必要です。

上から目線は軽蔑される

　年上の職員であっても，管理職に対しては，相応の態度で接してくれます。特に近年は，管理職の権限が強くなる傾向にあるため，管理職の指示には従わざるを得ないと考えている職員がほとんどです。それを勘違いして，尊大な態度で職員に対応する管理職を見かけることがありますが，それは大きな間違いです。**管理職という役職にあるからこそ**，職員に対しては丁重に接しなくてはなりません。上から威圧的に命令してしまうと，「管理職だと思って，威張ってばかり」と，敬遠されます。管理職という肩書に乗じて，職員に対して上から目線で話をしたり，命令口調で指示したりすると，軽蔑されて信頼を失ってしまいます。管理職という立場ではなく，人として尊敬され信頼されるために，人に接する態度や言葉遣いには十分注意を払いましょう。

穏やかで丁寧な物腰が，本物の威厳

　信頼されている管理職は，仕事の実力はさることながら，人間として尊敬できるものをもっています。たとえば，職員に望むことは，必ず自分自身が身をもって実践しています。また，少々のことには動じず，厳しいと思える状況であっても，周囲の人を思いやる余裕を備えています。そして，役職や立場に関わらず，どんな人に対しても，丁重な姿勢で接しています。

　「実るほど首を垂れる稲穂かな」と言われるように，人の上に立つ立場になるほど，謙虚な姿勢を忘れず，相手に敬意をもって接することが大切です。誰に対してでも，穏やかな態度，丁寧な口調で接する管理職ほど，職員の信頼と尊敬を集め，立ち振る舞いも重厚さを漂わせていくものです。**人格を磨くことが，管理職の務め**であるともいえます。

 命令口調より率先して行動する

　子どもに「勉強しなさい」「勤勉さを忘れないように」と，言っておきながら，自分自身は，教育書の一冊も読まない，研修会にも足を運ばない……。自分を鍛え磨く努力をしないのに，子どもにそれらを求めるような教師を，信頼し尊敬する子どもはいません。相手が大人であればなおさらです。いつも大げさな自慢話を聞かせたり，命令口調で威圧的に指示したりして，職員を従わせようと躍起になっている管理職がいます。しかし，言葉だけは立派でも，大切な場面で責任逃れをする，自分はイスに座っていて作業は職員に任せきり，何かあると不機嫌になり威圧する……。そのような管理職を信頼する人は誰もいないでしょう。職員との信頼関係を築くためには，命令口調で威圧するのではなく，実行する姿を見せることが必要です。

> 人は，命令口調で威圧しても動かない。職員との信頼関係を築き，円滑な学校経営を行うためには，「口先」や威圧的な態度ではなく，自らが実行する姿を見せるようにしよう！

「感謝できる人」を目指す

　教諭・学級担任として子どもと直接関わっていると，様々なトラブルに遭遇し，苦労も多いのですが，それ以上に子どもから感動をもらうことができますし，保護者から感謝されることも数多くあります。そのようにして，子どもから感動をもらい，保護者から感謝されることが当たり前のこととして無意識に身に染みていたのだと，私は管理職になって初めて気づかされました。管理職は，教師に比べれば，圧倒的に感動をもらい感謝されることが少ないことが実感できるからです。

　感動をもらい感謝されることが当たり前だった立場から，それらがほとんどない立場になってみると，仕事に対する不満が大きくなるものだと分かりました。「管理職なんて辞めてやる」と，毎日のように妻に愚痴をこぼしていました。

　そんなとき，師匠の野口芳宏先生とお話をする機会がありました。
　「人に感謝される人間になることよりも，人に感謝できる人間になることの方が大切なんだよ。そして，難しいことでもあるんだよ」
　確かに，私が仕事で求めていたのは，人から感謝されることでした。求めるものが大きくなれば，相手に対する不満が大きくなります。そうなれば，相手に批判的になり，威圧的な姿勢で接することになりかねません。
　野口先生は，「感謝という『見返り』を相手に求める姿勢で仕事をすることは間違っているのだ」と，気づかせてくださったのです。感謝する気持ちで仕事に取り組む努力を続けたいと思います。

第4章

学校を効率的な空間に変える！
リーダーならではの管理術

寄せる波のように次々とやってくる
仕事をこなすためには，
仕事を効率的に進めることができる
空間づくりの工夫と管理が必要です。

「後で片づけよう癖」を捨てる
ひと手間が，学校を効率化する

毎日が忙しく，気が付けば，身の回りは乱雑に散らかり，机の上には山のように資料が積み重ねられているという人もいるでしょう。矢継ぎ早にやってくる仕事をこなすことに夢中になって，書類の整理や机上の片づけは二の次になり，後回しになってしまいがちです。しかし，それが，書類の山積み状態をつくる原因です。「後で片づけよう」では，片づかないと考えましょう。

「片づけまでが仕事」と考える習慣を

　一つの仕事を終えると，ほっとして，つい気分転換をしてしまうものです。すると，それまでやっていた仕事は，すでに過去のものになってしまいます。意識はすでに次の仕事に移っているので，資料が積まれていても，気になりません。「後で，整理すればいい」と思っていても，仕事が積み重なっていくため，整理するのが，どんどんおっくうになってしまいます。

　そこで，担任時代を思い出してみましょう。特に，図工や家庭科などの授業では，「片づけるまでが勉強」と，指導してきました。体育でも，「着替えも含めて体育の時間」と，教えてきました。仕事にもこれを当てはめて，「片づけまでが仕事」と考えることで，一つの仕事が終わった後で，資料が机上に積まれることがなくなります。

些細な先延ばしが，大きなロスを生む

　仕事は，「準備→目的の作業→後片づけ」という手順で進められています。目的の仕事に比べれば，後片づけは，取るに足らないことに感じます。やる気になれば，いつでもすぐにできると考えがちです。しかし，塵も積もればで，一日のすべての後片づけをやり残していたとすると，それを終えるのには，かなりの労力と時間を必要としてしまいます。しかも，よくないことに，資料が整理されていないと，次にその資料が必要になったときや，必要な資料を検索するときに，「準備」という仕事が労力を要するものになってしまいます。資料が整理されている人と，そうでない人とでは，準備を終えて目的の仕事がスタートするまでに，かなりの差が開いてしまいます。「片づけ」という些細な仕事の先延ばしは，結果として，大きなロスにつながります。

放置すれば，乱雑さが広がる

　先に書いた通り，机上やロッカーの整理整頓ができない人は，「後片づけ」に対して，仕事という意識が薄いためどんどん積み重なってしまいます。書類が積み重なった机で仕事をしていて，「どこに何があるのか，把握している」と，言う人がよくいます。確かにそうだとは思います。しかし，乱雑な机は，当人だけの問題ではなく，他の人に迷惑をかけています。配り物を置く場所にも困ります。机上が乱雑なため，配布された物を確認できないのが理由なのに，配った人に対して，「もらっていない」などと苦情を言う場合も出てきて，対応に困る場合があります。さらに，乱雑な机があると，職員室全体が落ち着きのない雰囲気になってしまいます。他の職員ならまだしも，管理職の身の回りが乱雑というのでは，話になりません。

> 整理整頓は，仕事を効率化するために必要。乱雑な机は，風紀を乱し周囲に迷惑をかける。後片づけも大切な仕事という意識をもち，一つの仕事を終えたら，必ず整理するように心がけよう！

完璧な整理整頓を捨てる
とりあえずきれいにすることが重要

資料の整理や身の回りを整頓することは大切です。しかし，整理整頓が得意な人を除いて，「完璧」を目指すと，無理が生じて，結局労力と時間を無駄にすることになります。特に，「自分はずぼらなところがある」「整理整頓は苦手」と思っている人は，気楽に整理整頓に取り組むことが大切です。「とりあえず小ざっぱり」程度を目指しましょう。

完璧を求めると時間の浪費につながる

　誰にでも経験があると思いますが，一旦整理整頓を始めると，完璧にきれいにしたくなって，整理整頓作業を止められなくなってしまいます。学期に一度とか月に一度には，時間をとって整理整頓を行うことも必要でしょう。しかし，頻繁に完璧な整理整頓を行うことはできませんし，避けなくてはなりません。普段の整理整頓は，仕事を効率化したり，周囲に迷惑をかけないようにしたりするための「手段」であって，整理整頓が「目的」ではありません。完璧な整理整頓を求めてしまうと，整理整頓が仕事の目的になり，他のやらなくてはならない仕事をする時間を消費することになってしまいます。
　何事も，ほどほどがよいと言われますが，身の回りの整理整頓も，小ざっぱりと，資料の検索が容易にできる程度で十分です。

検索しやすい整理で十分

　整理整頓ができていることで，最も役立つことは，「**資料の検索が容易になる**」ことに尽きます。実際，いつも机上に物が置かれておらず，机やロッカー回りも整頓されている人は，必要な物をすぐに探して取り出してしまいます。身の回りが整頓されているからこそ，何がどこにあるのかを把握することができ，素早い検索も可能になるのです。

　ずぼらな私などは，そこまで完璧な整理をすることはできません。しかし，ある程度の整理をして，よく使う資料や重要書類がどこにあるかくらいは，すぐに検索することができる程度には，しておこうと努めています。おそらく，多忙な日々を送る管理職の多くが，私が実践している程度の整理で十分と考えるのではないでしょうか。

いつも「こざっぱり」に努める

　ゴミが一つ捨てられていると，その場所には，どんどんゴミが捨てられて，ついにはゴミ溜めになってしまいます。汚い場所には汚い物が集まり，風紀まで悪くなります。反対に，美しい場所には美しい物が集まります。ですから，身の回りが乱雑に乱れているようでは，効率的な仕事をすることはできません。周りが散らかっていては，集中力にも悪影響が出てしまいます。決して完璧なまでに几帳面ではなくても，コンパクトに清潔感ある整理に心がけなくてはなりません。管理職になると，職員室をはじめ，学校のあらゆるところに意識が行くようになります。備品や消耗品の管理や，職員室の整理整頓などには，特に敏感にならざるを得ません。自分の身の回りが整理されていなければ，他の職員を指導することはできません。

> 資料の検索が容易にできる程度の整理整頓を目指そう！　完璧な整理整頓は求めず，「とりあえずきれいにしておく」程度の気持ちで，身の回りが乱雑にならない程度の整理整頓を心がけよう！

机の上に積む癖を捨てる
「きれいを継続」する意識をもつ

少しでもスペースがあると、「とりあえず」と、物を一時的に置いてしまいます。しかし、「とりあえず」ではなくなり、その場所にどんどん物が積み上げられていくことになります。気が付けば、残っているスペースは、ノートパソコンやタブレットが置ける程度になってしまっています。スペースがあれば、とりあえず積んでおく癖とは、決別しなくてはなりません。

 何のためのスペースか、よく考えて行動に移す

　年度初めは同じ状態の机が、時間が経つにつれ、何もない状態のまま維持できる人と、書籍や資料が積み上げられ、ほとんど空きスペースがない状態になる人に分かれていきます。両者の違いは、机上のスペースが何のためにあるのかという意識の違いにあります。机上に物が置かれることがない人は、机の上は、読み書きやパソコンの作業スペースであって、物を保管する場所ではないと考えています。そのため、長時間にわたって物を机上に置いておかないように行動することができます。机の上に、資料や書籍を積んでしまう人、わずかなスペースを資料や書籍の置き場所にしてしまう人は、机上のスペースは仕事のために作業する場所であって、保管場所ではないことを再確認して、机上に何も置かない状態を、一日でも長く続ける努力が必要です。

第4章　学校を効率的な空間に変える！リーダーならではの管理術

 山積みの机は，仕事の効率を落とす

　作業スペースが大きい机と，小さい机とでは，どちらが仕事の効率が高いか，言うまでもありません。管理職の仕事は多様です。パソコンでの仕事だけでなく，封筒詰めや紙折作業，板や厚紙のカッティング作業のために机を使うこともあります。机が作業するのに十分なスペースがないと，窮屈な姿勢での作業になったり，場所を変えて作業せざるを得なくなったりと，とても効率が落ちてしまいます。パソコンでの仕事においても，資料を広げながら行うことも多く，限られたスペースでは，仕事ができません。失敗や間違いが起きる確率も高くなります。机上をスッキリさせておくことは，仕事の効率を高くし，労力と時間を節約するためにも重要なことです。

 意識しなくては，乱雑になる

　新年度，身の回りを整理して，さっぱりとしてほとんど物の乗っていない机を見て，「一年間，この状態で仕事をしよう」と，心の中で誓う人も多いことでしょう。しかし，机の上には書籍や資料が積み上げられ，作業スペースがどんどん狭くなってしまいます。忙しい毎日ですから，特に机の上には，何気に物を置いていってしまいます。それが，毎日毎時間繰り返されるのですから，そのままにしておけば，机上が資料の山になるのに，三日とかかりません。机上をはじめ，身の回りを小ざっぱりとした状態に維持するためには，「机上に物を保管しない」「不要な物は捨てる」「元の場所に戻す」ことを，常に意識しておき，強い気持ちで行動に移さなくては不可能です。特に，片づけや整頓が苦手な人は，「意識しなければ，必ず身の回りは乱れる」と考えて，その場そのときに片づける努力をしましょう。

資料を作成したり，文章を書いたりするために，机上のスペースは広ければ広いほど，仕事の効率はよくなる。机上は作業するスペースと再認識して，一時的にでも保管場所にしないように実践していこう！

机の奥にある物は捨てる
思い切って捨てても大丈夫

思い立って身の回りを整理してみると，机の引き出しに，何年も使ったことのない筆記用具や，ほとんど見ることもない資料がぎっしり詰まっていたという経験は誰にでもあります。机の奥にしまい込んだものは，基本的に仕事には必要ない物です。思い出もあり，もったいない気持ちもありますが，思い切って整理することも大切です。

奥にある物は，不要な物

　転勤などで身の回りを整理していると，すっかり忘れていた物が，引き出しやロッカーの奥から出てきます。「また使うかもしれない」「捨てるのはもったいない」と，引っ越し用の段ボールに詰め込み，また数年間は日の目を見ることがありません。すべての物を，保管しておくスペースがあればよいのですが，そういうわけにはいきません。たとえ保管するスペースがあったとしても，必要な物と不要な物をきっちり分けて保管し，必要な物をすぐに検索できる人は，めったにいないはずです。「もったいない」と置いてある不要物は，机やロッカーを占領して，乱雑さを助長し，本当に必要な物を覆い隠してしまいます。半年間や一年間，引き出しやロッカーの奥で眠っている物は，ゴミ同様の不要物と考えなくてはなりません。

あ～！必要な資料がこの中にあるはずなのに，これじゃ見つけられないよ。出てくるのは，要らない物ばかりだ！

思い切って捨てる勇気をもつ

　文集や研究紀要など，お金では手に入らない物は当たり前として，どこにでも売ってある資料や文房具などにも思い出が詰まっている気がして，なかなか捨てることができません。しかし，捨てるのが惜しいという気持ちは，**捨てる勇気がない**ということです。保管している物を捨てるのは，思ったよりも勇気が必要になりますが，思い切ってゴミ袋に詰めてしまいましょう。不思議なもので，一つ捨てる度に，捨てることに対する抵抗感がどんどん減っていきます。引き出しやロッカーの中が，さっぱりしている状態になったころには，充実感と満足感に包まれているはずです。

 ## 奥に押し込めることは，机をゴミ箱にすること

　引き出しやロッカーの奥に押し込める物は，取り急ぎは必要がない物に限ります。本当に必要な物は，絶対に目に着くところに置いておくはずです。「もったいない」「また使うかもしれない」と言いながら，後になって始末することになるのであれば，それは，**「ゴミを引き出しやロッカーに捨てている」**ことになります。学校長には校長室が，担任教師には教室が，専科教員には特別教室が，それぞれ割り当てられています。しかし，特に教頭職などは，割り当てられているスペースが，学校の中では最も少ない職種です。しかも，仕事が絶え間なくやって来るので，身の回りにある机やロッカーに，物がどんどん押し込められてしまいます。まさしく，引き出しやロッカーをゴミ箱として使っている状況です。少ないスペースを有効利用するためにも，不要な物は思い切って捨てましょう。

> 物に執着すると，仕事の効率は落ちる。「いつか使うかもしれない」「とりあえず保管しておこう」と，引き出しの奥に押し込められた物は，不要な物と割り切って，捨てるようにしよう！

「一応保管しておこう」資料は，捨てる
使わない資料が9割

学校には，様々な書類が送られてきます。文部科学省や教育委員会からの伝達事項，研究会の案内や各種団体の活動報告等々，毎日のように送られてきます。中には，一定期間が過ぎると意味をなさなくなるものや，ホームページ上で掲載されているものもあります。手元の資料をよく吟味して，「一応保管しておこう」レベルの物は，片づけてしまいましょう。

「絶対必要」資料の他は不要になる

　年度はじめに配布されて，一年間は必ず保管する冊子や，一年間の記録がメモされている手帳など，絶対に必要な資料は，いつでもすぐに取り出せる場所に保管します。反対に，いつ使うかは分からないけれど，一応保管しておいたような資料は，ほぼ使う機会はありません。そのような資料の賞味期限は，一年間というものがほとんどです。そして，送られてくる冊子や資料の8割〜9割は，一度目を通せばそれで事足りるものです。特に管理職のもとには，他の職員が扱いに困る冊子や資料が集まってきます。それらは，ほぼ不要になる物ばかりですから，即時廃棄しても問題ないくらいです。ありがたいことに，管理職には，資料の要・不要を判断し，どう扱うか程度の裁量は任されています。廃棄することを恐れる必要はありません。

電子媒体と重複する資料は廃棄する

　現代は，連絡事項や意思疎通を行うのに，メールやSNSなどの電子媒体で行われることが多くなりました。文部科学省や教育委員会からの公文書も，メールで送られてきますし，書類の提出も同じく電子媒体で行われることが増えてきました。電子媒体で保管してあるものでも印刷して職員室で回覧する学校もあると思いますが，回覧してしまえば，紙媒体での保管は不要になります。もちろん，提出文章に関しては，コピーをとって紙媒体でも保管しておくべきですが，それ以外の資料や伝達文章は，電子媒体で保管すれば十分です。提出書類以外は，電子媒体と重複するものは，廃棄するに限ります。重要なのは，電子媒体をどれだけ検索しやすいように整理するかどうかということではないでしょうか。

一か月ごとに点検，見なかった資料は廃棄する

　保管する期間が決められている公文書以外の，ほとんどの資料は，今後ほぼ目を通すことがない物です。本音を言えば，目を通した後で，すぐに廃棄したいところです。しかし，念のために保管しておきたいという人もいるでしょう。しかし，二か月も三か月も，人目に触れない物を，限られたスペースに置いておくのも無駄なことです。そこで，一か月に一度，身の回りや職員室などを点検する時間をつくります。そこで，ほとんど活用されていない物があれば，廃棄してしまいましょう。一応，関係する職員と連絡を取って，廃棄しても誰も仕事に差しさわりがないことを確認したうえで廃棄します。「保管すべき」という視点を，「廃棄すべき」という見方に変えることで，学校には，不要な物が山ほどあることが見えてきます。

> 電子媒体で保管できるものはパソコン上で，ひと月以上使用しないものは，確認したうえで廃棄を検討することが必要。保管する期間が決められている公文書以外は，「廃棄すべき」という視点で考えてみよう！

「もったいない」意識を捨てる
物に執着しすぎると窮屈になる

引き出しやロッカーの中に押し込められて,存在を忘れていた物であっても,いざ捨てると,惜しいという気持ちが沸いてきます。それほどほしくないと思っていた物も,手元から離れていくと思った瞬間,「もったいない」という執着心が大きくなっていきます。執着心は誰にでも備わっていますが,あまりにも物に執着する気持ちが強いと,仕事が窮屈になってしまいます。

物への執着心から脱すると,気分が晴れる

　本当に必要な物は,自然に目につくところに置かれていなくてはなりません。ましてや,仕事に必要な物であれば,重要度が高くなるほど,すぐに取り出せる場所になくてはなりません。一時期,「断捨離」という言葉が流行しました。「物からの執着を捨てて自身を開放する」という,精神論的な思想だそうです。不要な物を処分することができない私などは,まさしく,執着心で凝り固まっている人間だと感じることがあります。捨てることができないのは,物や思い出を大切にしているのではなく,結局,物に執着しているだけなのかもしれません。本当に**必要な物を大切にするためには,不要な何かを捨てる**ことが必要です。変化の激しいこれからの学校現場には,「断捨離」の精神が必要ではないでしょうか。

「必要になるとき」は，使い物にならないとき

　長期間，引き出しやロッカーの中に押し込められていた資料を見つけ出したとして，それらの資料が，そのとき役立つかどうかといえば，そういうわけでもありません。すでに時代遅れになっていたり，数値が変更されていたりして，あまり参考にならないことが多いものです。役に立つことが少ないから，目に触れないところに置かれていたのです。

　もしも，役立つものであれば，使用頻度は高くなりますから，目に触れる場所か，すぐに引き出せる場所に保管されているはずです。長期間，忘れられていたものが必要になるときは，すでに使い物にはならないときと考えて差し支えありません。それらを見つけ出すための時間と労力をかけるよりも，新しい物を購入したり，新しく資料を作成することに労力を費やした方が，よほど効率的に仕事をすることができると考えましょう。

物よりスペースがもったいない

　「物を捨てるのはもったいない」と言う人は，大勢います。確かに，物は一度捨てると二度と戻ってはきません。しかし，もったいないからと言って，不要な物までしまい込んでしまっては，本当に必要な物を保管するスペースがなくなってしまいます。仕事を効率的に行う力が，これからの管理職には必要になります。必要な物がすぐに取り出せない，文章を書くための十分なスペースが確保できないというのでは，効率的な仕事をすることは不可能です。不要な物が多すぎて，仕事が非効率的になることを考えれば，これからは，**「スペースがもったいない」**という考え方に切り替えなければなりません。もったいないのは，「物」ではなく「スペース」です。

> あまりにも物に執着すると，必要な物と不要な物との区別が分からなくなり，仕事に悪影響を及ぼす恐れが出てくる。引き出しの奥に押し込められているような物は，思い切って処分してしまおう！

無意識の行動を捨てる
手にもった物は，必要な場所に置く

小物や資料などを必要な場所に運ぶために，移動している最中に，他の仕事ができたり誰かに声をかけられたりして，無意識に手近な場所に置いてしまうことがあります。ふと気づくと，その物をどこに置いたのか全く記憶がなく，探すのに苦労したり，最悪の場合失ったりしてしまいます。仕事中は，無意識での行動をなくすように心がけましょう。

物をもつときも置くときも，必ずチェックする習慣を

　資料や小物を手にしたとき，もっていることを意識しないで移動することがよくあります。特に，ノートやファイルなどは，イスや机の上にポンと置いて，他の用事を済ませているうちに，すっかりその存在を忘れてしまうものです。しかし，管理職が手にしている書類は，子どもの個人情報が記された重要な書類なども多く，なくすと大変な事態になってしまいます。

　そのような「うっかり」をなくすために，手に物をもつときは，「今，この書類をもっている」と，手にもっている物をしっかり見ながら，心の中でつぶやくようにします。何かの都合で，その物を置くときは，「ここに，この資料を確かに置いた」と，手にもつときと同じように，意識に刻み込んでから置くようにします。意識して行動することで，大きく異なります。

次の行動に移るときは，自分の机に物を置く癖を

　メガネや車のキーをどこに置いたか分からなくなって，てんやわんやした経験は，誰にでもあると思います。どうすれば，物を見失わないですむのか考えた結果，「置き場所を決めておく」という結論にたどり着きました。少々面倒に感じるのですが，どこに置いたか分からなくなって，不安な気持ちを抱えながら時間と労力を費やすことに比べれば，大した苦労ではありません。仕事場では，必ず職員室にある自分の机の上に，手にもった物を置いた後に次の行動をするようにしました。職員室から遠い場合には，絶対に手から離さないようにしています。それだけのことですが，「どこに置いたっけ？」ということは，ほとんどなくなりました。特に，教室のカギやUSBなどの，小さいけれど重要な物は，ポケットに入れることさえ控えています。

 ## 置く場所を決めて物をもつ

　手にもったそのときは，「何をするためにどこに運ぶのか」を分かっていてノートやファイルを運んでいるはずです。それが，ほんの些細なことで意識が別の方に飛んでしまうということは，意図的に強く記憶に残るような方法を考える必要があるということです。その方法として，「物をもったら，置く場所を決め，その場所を思い浮かべる」ようにします。置く場所をイメージすることで，途中で何か別のことに意識が移ったとしても，手にしている物を見た瞬間に，置く場所を思い出すことが容易になります。手にもっている物が，いつの間にかどこに置いたか分からなくなってしまう原因は，「無意識」「気軽な思い」にあります。手に物をもつときは，何らかの方法で「もっている」ことを意識に残すことしかありません。

> 何気なく手に物をもつ行為が，重大なミスにつながる恐れがある。管理職が手にする資料や物には，大きな責任が伴うと考えて，「大切な物をもっている」と意識できる方法を工夫しよう！

整理整頓の計画を捨てる
整理整頓は，気づいたときに即実行

整理整頓の計画を立てたとして，計画をしていた日時に，どんな仕事が舞い込んでくるか分からないのが管理職です。結局，計画倒れになるのが落ちです。日ごろから，どこをどのように整理整頓するのかを，頭に思い描いたりメモをしておいたりして，時間ができたときに即実行に移すようにしないと，いつまで経っても整理整頓は進みません。

構想を描き，実行は予定に入れない

　学校には，物置のように使われていて，物が乱雑に置かれたままになっている部屋が必ずあります。行事で使われた物や，取り急ぎ使用しない物が，知らぬ間に次々に運び込まれ，ますます乱雑になってしまいます。整理整頓を実行するためには，「いつやろう」と計画するのではなく，「できるときに少しずつでもやろう」という意識に変えなくてはなりません。**時間が工面できたときに，すぐに実行**に移すことができるよう，日ごろから整理整頓の構想を頭に思い描いておきます。忘れないようにメモに残しておくと便利です。30分間でも1時間でも時間ができたときに，考えておいた手順に則って整理していけば，それほど労力と時間を費やしたという感覚がなく，仕事を終えることができます。

気づいたときの整理整頓が効率的

　自分の身の回りの整理も，校舎内の整理も，それほど手間のかからないものであれば，気づいたときに手早く整理するのが現実的かつ効率的です。身の回りや部屋が乱雑になるのは，「また後でやればいい」「これくらいすぐにできる」と，些細な整頓の手間を惜しんでしまうことの積み重ねです。

　あまりにも乱雑で，三分間や五分間では手が付けられない場合は，必要な物と不要な物を見分けたり，整理の手順を考えたり，片づけ後のレイアウトをイメージしたりと，片づけの素案をメモにとります。費やす時間は，ほんのわずかです。「時間をかけなくては，片づけは無理」と，具体的な策を何も講じないのが，いつまで経っても整理整頓ができない原因です。

後回しは，やらないこと

　他の仕事もそうですが，気づいたそのときにやらなくては，新しい仕事が入ってきた瞬間に，意識から消えてしまいます。あわててやろうと思っても，よい仕事はできませんし，整理整頓のような，特にやらなくても差し障りのないものには，手を付けることはしなくなります。多くの時間と労力を必要とする後片づけはもちろんのこと，身の回りのほんの些細な片づけでも，「今は時間が取れないから」「この程度はいつでもやれる」と，そのままにしておくことは，何もやらないことと同じです。管理職の仕事は，子どもや職員が気持ちよく学校生活を送ることができるようバックアップすることです。その意味で環境整備は，直接体で感じることのできるものとして，重視しなくてはなりません。整理整頓も他の仕事と同じく，「気づいたときに手を付ける」「考えるよりも実行する」ことに心がけることが大切です。

> 整理整頓や後片づけは，気づいたときにすぐに実行しよう。後回しにすると，他の仕事に忙殺されて，結局やらないことになってしまう。膨大な労力を必要とする作業は，手順を考えてメモするようにしよう！

職員への整理整頓の押し付けを捨てる
職員は一刻を戦っている

職員は無意識に手近な場所に道具やプリントを置いて、そのまま子どものもとに行くこともしばしばです。そのような姿に、「後片づけくらい、やっていけよ」と、不満をもってしまいがちです。しかし、子どもを相手にしている学級担任にとって、毎日の仕事は時間との闘いです。職員の忙しさを理解する管理職のフォローが大切です。

 自分の教諭時代を思い出す

　管理職になると、学校全体を見渡すことができるため、職員の様々な不足が目につき始めます。「教師のくせに、片づけくらいちゃんとやれよ」と不満を抱き、それを態度に表してしまいそうになります。しかし、自分が学級担任として仕事をしていた頃を思い出すと、子どもが学校にいる間は、ほんのわずかな時間も惜しいと思っていました。おそらく当時の管理職は、私が散らかした物を何も言わずに整理してくださっていたのだと思います。整理整頓だけではありません。保護者対応や教育委員会との折衝などで、私が気づかないところで、たくさんのフォローをしてくださっていたのだと、自分が管理職になって初めて気づきました。もちろん、指導が必要な場合はありますが、教師の忙しさを理解して、多くを求めすぎないようにしましょう。

第4章　学校を効率的な空間に変える！リーダーならではの管理術

 率先した行動が，フォローと指導につながる

　管理職からの言葉での指導は，命令・小言と感じさせてしまいます。管理職になると，職員の行動が目につくことが多くなりますが，逐一指導すると，「忙しいのを分かってない」「いちいち口うるさい」と，反感を買うことになります。そこで，職員に対するフォローをしながら指導することのできる方法は，「自分で率先して行動する」ことに尽きます。「片づけておいていい？」と声をかけて片づけたり，片づけても差し障りない物は，職員が気づかない間に片づけたりします。あくまでも，嫌味を感じさせないように行動することが必要ですから，**穏やかに楽しそうに行う**ことが重要です。管理職が率先して行動することで，職員自らの反省を促すことができ，忙しい職員をフォローすることもできます。また，いざ指導をするときに説得力があります。

 機会をとらえて指導する

　管理職が，進んで片づけや整理整頓を行うことで起こる弊害もあります。「管理職がやるのが当たり前」「自分の仕事ではない」と，勘違いする職員が出ないとも限りません。「自分がやるべきこと」「教師として範を示さなくては」「いつも管理職にはお世話になっている」と，自らの行いを省みるように導くのが管理職の役割です。ですから，**単に「いい人」にならない**よう，機会をとらえて指導することが大切です。子どもに対する指導と関連させて，教師としての立ち振る舞いを考えさせたり，和やかな雰囲気のときに，さらりと片づけや整頓について指導したりして，「管理職は，実は，いつも自分たちの言動を観察している」と，感じさせるようにしましょう。

> 管理職が率先して片づけや整理整頓を行うことで，多忙な職員をフォローすることになる。機会をとらえて指導することも忘れず，行動に裏付けされた指導によって，職員に自らの行動を振り返らせるようにしよう。

「こんな仕事は……」意識を捨てる
環境マネジメントは管理職の仕事

教諭から管理職になると，子どもを直接指導する立場から離れて，学校の総務や庶務を担うことになります。特に庶務の仕事は，見る人によっては「雑務」のような仕事です。特に教頭職には，庶務の仕事がたくさん回ってくるため，やる気を失わないように気を付けないと，毎日の仕事が苦痛になってしまいます。

庶務は，重要な仕事

　庶務と聞くと，「雑務か」とバカにする人もいるでしょう。しかし，歯車が一つ欠けただけで時計が役割を果たさなくなるように，誰かが縁の下の力持ちの役割をしなくては，学校は回りません。施設設備で不備があれば，職員は必ず管理職に報告し相談します。そのとき，不良箇所が，大体どのような状態なのかを把握済みで，補修のために必要な手段を的確に判断することができ，すぐに対応するような管理職と，全くあてにならない管理職とでは，どちらが，学校を守り子どもの教育に真剣に取り組む教師かは言わずもがなです。

　職員は，管理職の言動を，こちらが思う以上によく観察しています。些細とも思える仕事にも全力を傾ける管理職の下でこそ，職員は信頼して安心感をもって仕事に打ち込むことができるのです。

第4章　学校を効率的な空間に変える！リーダーならではの管理術

 管理職だからこそ見えてくる「景色」を大切にする

　学校運営に関わるようになると，一歩引いた立場で学校全体を見渡すことができるようになります。それまで気づかなかったような施設や設備の弱点や，担任とは異なる視点から見える子どもの様子など，教諭時代とは異なった見方ができるようになります。子どもと直接関わる機会は少ないけれど，学校という組織が，様々な人々にどのように支えられているのかを，具体的な経験を通して実感できるようになります。だからこそ，どのような仕事であっても，軽視したり敬遠したりすることが，大きな誤りであることが理解できるのです。もし，仕事をする中で，「なぜ，こんな仕事を管理職の自分が」と不満に思うことがあるとすれば，それは，まだまだ管理職という仕事に全力で向き合っていないのだと自戒する必要があるのではないでしょうか。

 環境が職員の意識を変える

　散らかっている場所に居ると，気持ちがすさんできて，前向きに考えることができなくなってしまいます。学校の環境美化を推進することは，単に物理面や衛生面を改善するだけにとどまりません。スッキリと整備されている学校でこそ，子どもたちは落ち着いた気分で気持ちよく生活することができます。そして，その環境を守る意識が高まり，整理整頓や清掃にしっかり取り組むようになります。それは職員も同じで，小ざっぱりと整理された場所では，気持ちよく効率的に仕事をすることができます。学校を明るくきれいにすることで，明るく前向きな気持ちで仕事をすることができます。掃き溜めにはゴミが集まり，美しい場所には美しい花が咲きます。職員を前向きにして学校をよくしたいと思うなら，美しい環境づくりに努めるべきです。

> 庶務は，学校を管理するうえで大切な仕事。教諭時代とは異なる視点で子どもを見ることができるようになるためにも，雑務とも思われる仕事に力を注ぐようにしよう！

環境美化が学校を変える

　初めて管理職として赴任した前任校は，以前から，いじめや対教師暴力といった困難な状況を多く抱えていました。赴任した直後に校舎を見回ると，あちこちのドアが，へこんで壊れかけていました。トイレのスリッパはそこかしこに飛散していて，中からは嫌な臭いが漂っていました。給食の牛乳パックが植え込みに落とされていたり，ストローが排水溝に詰め込まれたままになったりと，誰が見ても落ち着いて学習できる環境ではないことが明白な状態でした。

　子どもが授業をエスケープしたり，いじめ問題で夜遅くまで保護者対応をしたりと，解決しなくてはならない課題は山積みでしたが，まずは自分がやれることからと思い，学校を見回るたびに，飛散していたトイレのスリッパを揃えるようにしました。先生方にも，スリッパの点検と子どもへの指導をお願いすることにしました。事務員さんの協力を得て，壊れたドアの修理をして回りました。子どもたちがつけた壁の靴跡や落書きを，特殊な洗剤とスポンジで消して回る作業も続けました。物置のように使われていた空き教室の整理も，時間を見つけて，先生方の協力も得ながら行いました。

　すべて地道な作業でしたが，学校が少しずつ清潔になっていくのが感じられました。そして，学校がきれいになっていくのと並行して，子どもたちが落ち着きを取り戻していくのが感じられました。知識や理論ではなく，環境美化が子どもを落ち着かせることを，身をもって実証することができたのです。

第5章

信頼されるリーダーはココが違う！
トラブル対応の防波堤役になろう

トラブルを予防するための方策を
日ごろから推進し，いざトラブルが起きたときに
責任を持って対応することが，管理職の職責です。

「トラブルは恥」意識を捨てる
トラブルを出し合える職場をつくる

クラスでトラブルがあったり保護者からクレームが来たりしたとき，管理職や同僚に知られるのが恥ずかしいと考える教師がいます。しかし，子どもを相手にしていて，トラブルがないことの方が不自然です。管理職が「トラブルは当たり前に起こる」と大きく構えることで，些細な問題を職員で出し合うことのできる雰囲気をつくることが，大きなトラブルを防ぐことになります。

管理職の姿勢が職場の雰囲気を決定づける

　管理職の中には，学校でトラブルが起きることを，必要以上に嫌がる人がいます。職員に対して管理的・権威的な姿勢で，いつも見張っているような態度で接しています。そのような管理職の下では，安心して自分のクラスの様子を話すことはできません。近年は，教員評価が導入されたことで，管理職にクラスのトラブルを知られるのを避ける教師が増えていると聞きます。
　仕事上の悩みや相談を気軽に口にできない雰囲気が職員室に蔓延すると，トラブルが管理職の耳に入ったときには，手の付けられない状況になってしまっています。職員のメンタルヘルスマネジメントの面でも，重大なトラブルを防止するためにも，職員が気軽に学級経営の悩みや些細な相談を出し合うことのできる雰囲気づくりに努めるのが，管理職の大切な役割です。

職員の本音を引き出すのが管理職

　学校ではトラブルが起きるのが当たり前と考えるのが普通です。もし，職員室で，子どものトラブルや指導についての相談などの会話がないというのであれば，それは，クラスのトラブルや指導の悩みなどを口に出すことができない雰囲気がつくられていると考えるべきです。**「トラブルはあって当たり前」であることを，管理職が機会あるごとに伝えていく**ことが必要です。その機会を積極的につくるためにも，すべての職員との会話を毎日欠かさないことです。個別に話を聞いていると，必ず子どもの指導に対する悩みやトラブルへの対応などについて口にするようになります。何かと課題の多い教育現場において，何の悩みも抱えていない教師は，誰一人いません。職員の本音を引き出すことができるのは，管理職しかいません。

些細なトラブルを出し合えば大きなトラブルはなくなる

　活動的で自己主張のかたまりのような子どもたちが集まるのが学校です。友達との摩擦を経験して，子どもたちは成長していきます。ですから，どんなに学級経営がうまくいっているクラスでも，毎日必ず些細ないざこざは起きているはずです。その些細なトラブルに対して，教師がどのような初期対応をとるかによって，クラスがさらにまとまるのか，逆に大きな問題に発展するのかが決まります。大きなトラブルに発展してしまった事案の中には，初期対応をもっと丁寧にやっていたら，大きな問題にはならなかったというものが，たくさんあります。子どものトラブルも保護者対応も，**初期対応が8～9割の比重を占める**と言って過言ではありません。的確な初期対応をとるためには，些細な問題を出し合うことのできる職員室経営をすることです。

> トラブル対応は，初期段階が最も重要。情報を得るためにも，職員のメンタルヘルスマネジメントのためにも，指導の悩みやトラブルに関する相談を，頻繁に出し合うことのできる雰囲気を職員室につくろう！

偏見・決めつけを捨てる
組織を活性化できるのが管理職

一度思い込んだら，他の意見に耳をかさない，職員に対して偏見をもつ……。このような管理職は，特定の職員の意見だけを取り入れたり，職員の意見に耳を傾けることもしなくなったりします。管理職が，職員に対して偏見をもったり，決めつけをしたりすることは，組織運営に悪影響を与えることになり，組織が停滞してしまう恐れがあります。

決めつける管理職に，的確な判断はできない

それまで慣例的に続けられてきたことを変えたり，生徒指導上の重大なトラブルへの対応策を決めたりするような重大な局面では，管理職の決断が重みを増してきます。管理職の決定一つで，成功するか失敗するかが決まると言っても過言ではありません。自身の決定が非常に重みをもっていることを意識しておかないと，「学校や子どもにとって，よりよい決定は何か」という根本を見失い，「オレの決定に従え」という気持ちで決断してしまう危険があります。自分が正しいと思い込んだら，てこでも動かない頑固な管理職を見かけることがあります。意思が強いことは，決して悪いことではありませんが，他の人の意見に耳を傾け，より多くの情報を集めて様々な角度から物事を考える姿勢を保ったうえで決定を下すように心がける必要があります。

「人」ではなく「意見」に耳を傾ける

　偏見を持って人を見ることによる弊害として,「真っ当な意見や,物事を判断するうえでヒントになる考え方を見逃してしまう」ことが挙げられます。「あの子が言うのだから従っておけば間違いない」などと,子どもたちが言うことがありますが,気を付けないと大人でも同じ過ちを犯してしまいます。特に管理職になれば,職員に対する公平性が求められます。長年同じ職場に勤務している「主」のような職員がいる学校もあるでしょう。経験値を無視するというわけではありませんが,すべて「主」の意見が正しいわけではなく,新しく赴任してきた若い教師が最もな考えをもっている場合も多々あります。学級経営で子どもたちに教えてきたことと同様,**「人ではなく,意見によって物事を判断する」**ように心がけましょう。そのためにも,すべての職員に対して,偏見をもたないように気を付けなくてはなりません。

固定観念は組織を停滞させる

　若い教師のチャレンジ精神あふれた改革の提案に対して,難色を示し,自分と同じ意見のベテラン教師と一緒になって,新しい提案を廃案にしてしまう管理職を見かけることがあります。確かに,管理職になるくらいの年齢になると,若いときほど変化を求める気持ちが失われてしまいます。どちらかと言えば「例年通り無難に」と考えてしまいます。しかし,その考え方が組織を停滞させ,職員のモチベーションを低下させてしまいます。その結果,学校の活気が失われ,子どもたちが荒れはじめる恐れが十分考えられます。「こうであるべき」「これが伝統」という固定観念から解放されることも時には必要です。

> 物事を判断するうえで必要な「何が大切か」という根本を忘れないためにも,固定観念に縛られたり,職員に対する偏見をもったりしないように,日ごろから心がけよう！

「どうにかなる」意識を捨てる
最悪の事態で登場するのが管理職

物事を前向きにとらえ，余裕をもって大きく構えることは，管理職にとって必要な資質です。しかし，前向きな姿勢と余裕の構えは，万が一何か起きたときのシミュレーションをしっかりイメージし，対応について細心の注意を払って準備したうえでのものでなくてはなりません。現在は，何も考えずに「なんとかなる」というような時代ではありません。

最悪の事態を想定してトラブルに対応する

特に，保護者対応や生徒指導上の問題などの事案では，少しでも対応を誤ると大変な事態に陥ってしまいます。言葉遣い一つにも気を遣わなくてはなりません。こうした重大な事案については，楽観的な考えで対応してはいけません。子どもが納得して指導を受け入れ，保護者に学校の考えを理解してもらえるような対応が必要です。そのためには，最悪の事態を想定して対応に臨むことです。最悪の事態を想定しておけば，「もし，こういう流れになったら，このように対応する」と，より具体的にシミュレーションできます。いざ本番になったとき，想定した最悪の事態にならなければ，容易に対応することができますし，万が一最悪の事態になっても慌てずにすみます。**「最高の決着のために，最悪の事態を想定して対応する」**ことを念頭に置きましょう。

高い危機意識が最善の対応を生む

　孫子の兵法に,「百戦百勝は善の善なる者に非ず。戦わずして人の兵を屈するは,善の善なる者なり」という有名な言葉があります。**最高の危機管理とは,危機的な状況をつくらないこと**です。つまり,危機的な状況が起きないように日々予防に努めることです。そのためには,「意識を研ぎ澄まして危機に備える」しかありません。子どもの些細な言動を目に止めて,「これは最悪の場合,いじめに発展する危険性がある」と判断して,すぐに指導する。職員の言動に注意を払い「このまま放っておくと,精神を病むかもしれない」と最悪の事態を考えて,声掛けや情報収集に努める。火事と同じで,些細な兆候を見逃さないで,問題が小さいうちに解決してしまえば,危機的な状況が起きることはありません。

 危機管理意識は研ぎ澄まし,職員には穏やかに伝える

　すべてのトラブル「芽」のうちに摘み取ってしまうという考え方は,理論的には,すべての人に納得していただけるはずです。問題は,些細な兆候を捉えることのできる力をいかに高めるかということです。兆候を捉える力を高めるためには,上記に記した**「最悪の事態」を想定する**ことです。最悪の事態を想定する習慣を身に付けると,危機に対する感覚が研ぎ澄まされ,些細な兆候も見逃すことはなくなります。ただし,いつもピリピリしていると,管理的と思われて,職員室の雰囲気が悪くなり,学校全体の雰囲気にも悪影響を及ぼしてしまいます。気づいた兆候や指導の必要性などを職員に伝えるときには,常に穏やかに「お願いする」気持ちで話す必要があります。

> 最高の危機管理は,「問題が起きないようにする」こと。些細な兆候を見逃さないように,危機管理意識を研ぎ澄まし,実際に対応する職員には,穏やかに,相談するという形で指示するようにしよう！

「面倒くさい」気持ちを捨てる
職員とともに考える管理職で

子どもの指導や保護者対応などの報告や相談が職員からあると,「それくらい,自分で解決してよ」と,面倒に感じてしまったという経験は,誰でもあると思います。しかし,直接子どもや保護者と接している職員を指導したり相談に乗ったりするのは,管理職の仕事の重要な部分です。職員は,一緒になって悩み考えてくれる管理職であることを期待しています。

 真摯に耳を傾ける姿勢が,信頼と安心感を与える

　どのような些細な情報も共有することができる職員室,授業や生徒指導について気軽に相談することのできる職員室,帰ってくるとほっと安心することのできる職員室……。良好で円滑な職員の関係づくりをすることが,組織の活性化につながり,安定した学校経営の基礎を固めることにつながります。職員同士をつなぐためには,まずは管理職と職員との信頼関係づくりが大切です。**信頼される管理職の下で職員相互の信頼関係が築かれます。**職員が,報告や相談に来たときこそ,良好な関係を築き信頼を得るための絶好のチャンスです。面倒くさいなどと思っていては,罰が当たります。職員の話に真摯に耳を傾け,職員の気持ちに寄り添う姿勢を示して,安心感を与えることから,始めましょう。

職員の相談は危機管理の命綱

どんなに小さな出来事であっても，職員からの報告や相談事が頻繁にあるということは，多くの情報を管理職が把握することができるということです。このことは，危機管理を行ううえで非常に効果的です。多くの情報を共有することによって，子どもの指導や保護者対応などを，学校で統一した方向で進めることができます。「そんなことを管理職が知らなかったなんて」と，批判されることも皆無になります。職員からの情報は，危機管理の命綱と言っても過言ではありません。**できる限り多くの情報が速やかに管理職に流れるためには，日ごろの職員に対する接し方が決め手**になります。職員からの相談や報告には，親身になって向き合う姿勢が重要です。

管理的・権威主義が，学校崩壊を招く

職員からの報告や相談事を，「面倒くさい」という気持ちで受けていると，「日ごろからしっかりやれよ」「その程度のことも，自分で解決できないの？」と，相手に対して批判的な見方をするようになってしまいます。すると，職員は，「自分の評価が悪くなる」「管理職に悪く思われたくない」という気持ちから，自分の評価を下げかねないような出来事は報告しないでおこうと，管理職を敬遠するようになります。そうなると，管理職が知る頃には，かなり大きなトラブルに発展してしまった後という状況に陥ります。そうなると，管理職は，職員の行動を監視したり，重箱の隅をつつくような指導をしたりして，さらに職員から敬遠される……という悪循環に陥ってしまいます。職員の中に，「失敗してはいけない」「自分のミスを隠さなくてはならない」という風潮がつくられると，学校は一気に崩壊に向かってしまいます。

> 「面倒くさい」という気持ちが先に立つと，職員から敬遠されて，貴重な情報が流れなくなる危険がある。職員からの報告や相談事はありがたい情報だと再確認し，親身になって受け止めるようにしよう！

相手に対する苦手意識を捨てる
苦手意識は相手に伝わる

> 保護者は言うに及ばず，地域や教育委員会関係の人，様々な職種の業者など，管理職になると多くの人と関わらなくてはなりません。中には，「ちょっと苦手だ」と思うような人もいます。しかし，たくさんの人々に支えられて学校運営がうまくいっています。付き合う人々と良好な関係を築いておくことが，学校の代表者としての務めです。

 人付き合いは，管理職の生命線

　管理職になると，「学校が多くの人々に支えられている」ということを，身に染みて実感するようになります。保護者や地域の人の協力を得なくてはならないことがたくさんあるからです。施設管理や物品の購入などで，業者の人に無理を聞いてもらわなくてはならないときもあります。多くの人に協力してもらい，いざというとき助けてもらうことができるかどうかは，日ごろから良好な人間関係を築いているか否かにかかってきます。もしも，相手から，よくない印象をもたれてしまうと，積極的に協力してもらうことができないばかりか，些細なことで大きなトラブルになってしまう恐れさえあります。管理職のトラブルは，学校の不利益になることを考えれば，人付き合いが管理職の生命線と言っても過言ではありません。

良好な人間関係がトラブルを防ぐ

　管理職のミスは，時には保護者や地域に迷惑がかかる，大きなトラブルになってしまう場合が多々あります。その責任の大きさを考えれば，毎日神経を張り巡らして，大きなトラブルにつながらないように仕事をしなくてはなりません。とは言っても，ついうっかり失敗する場合もあり得ます。かく言う私も，PTAと地域が合同で行う奉仕作業の案内状を，地域の重鎮の方々に出し忘れたことがありました。そのとき，地域の方々が，「教頭さんは忙しいんだから」「他から聞いているから気にするな」と，温かい言葉をかけていただき，ことなきを得ました。これも，日ごろから良好な関係を築いていたからこそだと思います。日ごろから，関わりのある人に丁寧に対応し，誠実に向き合っていれば，「あの人のことだから」と，なるのが人間です。**良好な人間関係は，トラブルを未然に防ぐための大きな武器**です。

 ## 関わる人すべてのよい面を見つける

　人間だれでも好き嫌いや得手不得手がありますから，相性が合いそうのない人もいます。しかし，相手に対して苦手意識をもってしまうと，その気持ちは相手に伝わってしまいます。良好な人間関係を築くためには，相手に対する苦手意識をもたないことが大切です。そのための方法として，一つは，「相手を非難するようなことを，絶対に他人に対して言わない」ことです。一度非難し始めると，相手の悪いところばかりに気がいくようになり，どんどん関係が悪くなってしまいます。関わりのあるすべての人のよいところを見つけ，機会があれば相手に伝えるようにしましょう。その心のもち方が，人間関係の歯車をプラスに回す原動力になります。

> 良好な人間関係を築くことで，学校に対する理解と協力を得ることができるだけでなく，トラブルを防ぐ防波堤にもなる。日ごろから，誰に対しても苦手意識をもたないで，良好な人間関係づくりに努めよう！

逃げたい気持ちを捨てる
逃げ場がないのが管理職

嫌なことや労力を必要とする場から遠ざかりたいと，誰でも思います。保護者からのクレームや生徒指導上のトラブルがあれば，「できれば関わりたくない」と，逃げたくなってしまいます。しかし，学校のすべての責任は，否応なく管理職にかかってきます。管理職に逃げ場はないことを肝に銘じて，逃げたいという気持ちと決別しましょう。

トラブルには積極的に関わる姿勢で

　トラブルがあると，対応を担任や担当者にすべて任せてしまう管理職がいます。教師力を高めるために，些細なトラブルの対応を担任や担当に任せることは必要ですが，「経験を積ませる」という名目で，**丸投げに近い状態にすることは，職員からすれば「逃げている」ということになります**。些細なトラブルであっても，トラブルに至った経緯や担任の関わり方などの情報を報告してもらい，対応への助言や支援を行うなど，積極的に関わりをもつ姿勢が大切です。一時の安楽や保身のためにトラブルから逃げることは，自ら進んで対応の時期を逃し職員の信頼を失う行動をすることになります。職員から，トラブルの報告があったときは，より重篤な状況に陥らないように対応することができ，職員からの信頼を得ることもできる，「チャンス」なのです。

職員は管理職の姿勢を見ている

　どの程度，自分たちのことや子どもたちのことに親身になってくれるかどうか，いざというとき，頼りになる管理職かどうか……。職員は，日ごろの些細な言動から，管理職の姿勢を読み取っています。親身になって相談に乗り，職員の盾となって責任を果たしてくれる管理職を，職員は求めています。**管理職に対する評価は，何かトラブルがあったときに明白になります。**職員が子どもの指導や保護者対応で悩んだり迷ったりしているときは，積極的に関わり，指導や助言することで，職員から頼りにされる存在になります。保護者対応で，家庭訪問や来校があったときは，必要があれば必ず傍で対応することで，「逃げない」姿勢を貫くことができます。教師としての誠実さを貫く姿勢が，職員から信頼される管理職の条件でもあります。

 逃げるほど追い詰められる立場と自覚する

　できれば嫌なことから逃れたいという気持ちは，誰でももっています。しかし，些細な責任逃れは，後に大きな代償を支払うことになると考えておかなくてはなりません。世間で問題になっている「いじめ事件」の多くが，管理職による事実隠ぺいや虚偽報告といった，その場限りの責任逃れの行為が，結果的に，当事者だけに止まらず，教育界全体の社会的な信用を失う，大きな代償を支払うことになってしまいました。管理職は，最終的に責任を負うのが仕事です。そのことを自覚していれば，些細なトラブルにでも積極的に関わり，解決しておきたいと考えるのが普通ではないでしょうか。管理職の責任というのは，借金と同じで，「まだ大丈夫」と，**目をつむっているうちに，雪だるま式に増えていく**ものだと心しておきましょう。

> 結果的に最終責任は，管理職（学校長）にかかってくる。その場しのぎで責任から逃れることは，後に大きな代償を支払うことになると考えて，特に，トラブルには積極的に関わるようにしよう！

ダメージは捨てる
挫けていては管理職は務まらない

保護者対応や地域対応をしていると，一般的には非常識な言葉や態度をとってくる人と関わる機会があります。怒鳴られたり許しがたい暴言を吐かれたりすることも少なくありません。しかし，ダメージを受けて一日憂鬱な気分で過ごしては，相手の思うつぼです。憂鬱な気持ちを引きずっていても何も変わりません。気にせず早く立ち直るように努めましょう。

「折れない心」を鍛える努力を

　管理職になると，保護者や地域からのクレーム対応が増えてきます。クレームを言ってくる人の中には，恫喝に似た態度や脅しともとれる要求をしてくることも多々あります。話し合いが始まる前や，話し合いの最中には，気分が憂鬱になることもあります。しかし，クレーム対応後は，笑顔が見られることも多く，信頼関係を築くきっかけになる場合もよくあります。どんなに感情的になっている相手でも，私たちと同じ人間であることは変わりません。筋を通し，誠意をもって相手をすれば，感情も収まり，ある程度の理解を得ることもできます。「クレーム対応は，信頼関係を築くチャンス」と前向きに考えれば，心が折れることもなくなります。「折れない心」を作るためにも，逃げずに正面から相手を受け止めることが大切です。

職員の前では，穏やかにふるまう

　気持ちが落ち込むような，重大な事案を抱えていたとしても，それを表情や態度に表してしまうと，近づきがたい雰囲気が漂ってしまい，孤独感まで味わうはめになります。そうなると，気晴らしをすることもできずに，一人で孤独に問題を抱えこんで悩むことになります。職員からすれば，「機嫌が悪いと，すぐに態度に表れる気の小さい人」「すぐに部下に八つ当たりする嫌な管理職」と，なってしまいます。反対に，たとえ大きな課題を抱えていても，いつもと変わらず穏やかに職員に接していればどうでしょう。「多少の物事には動じない人」「苦しいはずなのに部下には丁寧に接することができる力のある管理職」となるはずです。どんなことがあっても，部下の**職員の前では，常に穏やかにふるまう**ことが大切です。

苦しいときこそ，前向きに考える

　抱えている課題が大きければそれだけ，不安になるものですが，後ろ向きに考えていると，どんどん気持ちが落ちこんでしまいます。物事を悪い方向に考えると不安が増し，その場をしのいで乗り切りさえすればよいという，誤った対応をしてしまう恐れがあります。誤った対応は，新たなトラブルを生じさせ，事態がさらに複雑かつ悪化してしまいます。そうなると精神的に参ってしまい，その場の苦しさから早く逃れたいとばかりに，また誤った対応をしてしまう……。そういった負のスパイラルに陥らないよう，対応の体制を考えた後は，「いい方に進むしかない」「なるようにしかならない」くらいの気持ちで，大きく構えるしかありません。前向きに考えることで，精神的に余裕が生まれ，そのことが物事をよい方向に進める力になります。

> クレーム対応は管理職の仕事。いちいち挫けていては管理職は務まらない。クレームは，学校をよくしていくためのヒントであり，相手とつながるチャンスであると前向きに考える姿勢をつくろう！

「手打ち」意識を捨てる
管理職の姿勢で，相手の出方は変わる

子どものケガや友達関係，いじめ問題などがこじれて，解決が困難になるようなトラブルが起きると，早く解決したいと考えてしまいます。しかし，解決を急ぎたいという気持ちが先に立って，必要以上に保護者の要求を受け入れたり，事実とは異なることを認めたりといった，「手打ち」のようなことをすると，事態はさらに悪化するもとになります。

相手が納得するまで粘り強く対応

　保護者から苦情があると，学校は必要以上に気を遣い，保護者の言いなりになる傾向があります。しかし，保護者に言い分があるように，**学校の側にも言い分があるはず**です。保護者対応は，「交渉」的な側面があることを忘れてはなりません。事実を基にして，相手と学校が互いに納得できる落としどころを見つけていくのが保護者対応という交渉の基本です。必要以上に頭を下げ，無理な要求を受け入れる保護者対応は，ますます，学校の立場を貶め，子どもへの教育力を低下させてしまいます。「事実は事実」として受け入れてもらい，「子どものためにどうすべきか」ということを前提にして，粘り強く対応することが大切です。保護者におもねるような「手打ち」は，交渉の基本を外しているだけでなく，教育的にも間違っています。

その場しのぎの「手打ち」は，新たなトラブルにつながる

　以前あった話です。担任とうまくいかない子の親が，「子どもが担任から暴力を振るわれた」と，クレームを言ってきました。毎日のように学校にやってきて，乱暴な言葉で管理職にまくしたてたといいます。その場を収めたいと思ったのか，何とその管理職は，「とりあえずやったことを認めてくれ」と，担任教師を説得しました。それで保護者が収まると思ったのでしょう。ところが，それをネタに，その保護者は「学校が体罰を認めた」と，教育委員会に訴え出て，ついには担任教師は休職させられることになりました。
　このように，保護者を納得させて問題を解決させるための，**その場しのぎの手打ちは，必ず新たな火種になる**と肝に銘じておきましょう。

 信念を貫けば，道は開ける

　たとえ，誰かが脅すような態度で怒鳴りこんできたり，保護者ということを盾にして，つけこむような要求をしてきたりしても，命にまで危険が及ぶことはありません。そう考えれば，正しいことを正しいと伝える勇気も出るでしょう。筋を通している人や一貫した信念を感じる人に対しては，つけこむことができると考える人はいません。相手を不快にさせないように，言葉遣いや態度に細心の配慮を払いながら，**自分の主張を曲げることなく相手におもねらない姿勢を貫け**ば，事態が悪化することは，まずあり得ません。
　大きなトラブルに発展した事案の中には，その場しのぎ的な対応で，主張が一貫性を欠いたところに，相手がつけこむ隙を与えてしまったというものが数多くあります。信念を貫き，一貫した姿勢を見せることで，トラブルが大きくなることを防ぐことができます。

> 必要以上に相手におもねるような対応は，さらに大きなトラブルのもとになり，学校の立場を危うくする危険がある。クレーム対応は，交渉術の基本を忘れず，首尾一貫した姿勢を貫こう！

権威主義を捨てる
自分本位が信頼を失墜させる

職務上，職員は管理職の命令に従わなくてはなりません。ところが，管理職の中には，「私の命令に従わないのはけしからん」とばかりに，威圧的な姿勢をとる人が必ずいます。権威的に職員を従わせるのは，支配欲を満足させることであり，自分本位であることの表れです。そういう，権威主義の管理職についていく職員はまずいません。

力で対応すれば，力で返される

　職員との関係づくり・職員室経営は，子どもと担任との関係づくり・学級経営と根本は同じです。学校組織の中で，統率権を発揮するためには，役職の権威以上に，同じ教師としての信頼関係がものを言います。管理職の権限を振りかざしていては，表向きには従っているようでも，本心では疎ましがられ，少しでも隙があれば足元をすくわれてしまいます。職員室に人が集まらなくなり，たとえ職員が集まってきても，あまり会話がなく，よそよそしく重苦しい雰囲気が漂います。そのような職場環境で，子どもに全力投球することができるはずはありません。そのような職員室をつくった責任は，学級崩壊や保護者とのトラブルという形で，管理職自身に返ってきます。権威という力で職員に対応すれば，学校崩壊という結果で返ってくるのです。

管理職の権限は学校運営のためだけにある

　管理職は，クラスでいえば学級担任と似たような役割を担っています。統率権をもつ管理職のもとで，全職員が協力してこそ，よい学校づくりができます。管理職の権限は，職員を統率し学校運営を円滑に行うために，与えられているに過ぎません。自分の思い通りに人や組織を動かすことで自己満足を満たすために権限が与えられているわけではないことを肝に銘じておかなければなりません。「そんなこと当たり前だよ」と思われるでしょうが，教頭を使用人のように扱う校長や，思い通りにならない職員を恫喝する教頭が，少なからず存在することも確かです。もしかすると，気が付かないうちに，自分も，そのような管理職になってしまうかもしれません。**管理職に与えられた権限は，あくまで学校運営のためにあることを再確認しましょう。**

相手によって対応を変えない

　目上の役職にある人や教育委員会，地域の人に対しては，管理職でなくても，丁寧な対応をするのが常識ですし，社会人としてそうしなくてはなりません。だからこそ，職員に対しても同じように，人として尊重し，決して横柄な態度やぞんざいな言葉遣いをしないように心がけなくてはなりません。日ごろから，職員に対して丁寧で穏やかに接することで，目上の人に失礼のない態度で接していても，「あの人は，誰に対しても紳士的」と，なるはずです。反対に，職員に対して上から目線で横柄に接していると，「下には，強気で横柄なのに，上には，卑屈なほどへりくだる管理職」というレッテルを貼られても仕方ありません。相手の立場によって，対応を変えることは，人として恥ずかしいことです。

> 管理職に与えられた権限は学校の円滑な運営のためであり，自己満足を満たすためにあるのではないことを確認し，誰に対しても誠実に穏やかな姿勢で接するように心がけよう！

責任転嫁を捨てる
「腹」のある管理職の下で安心して働ける

教師が，子どもの指導でミスをしたり，トラブル対応で失敗したりすると，その責任の一端は，管理職が負うことになります。自分の責任を逃れるために職員を責めることのないように，気を付けなくてはなりません。管理職（校長）になったら，「最終責任は自分にある」と腹をくくっておくべきでしょう。

日ごろから，責任を意識する

　管理職は，子どものケガやいじめなどの問題があれば，最終的に責任を取らなくてはなりません。職員が不祥事を起こしても，管理不行き届きで責任を負うことになります。学校に関わるすべてのことに対して，管理職には責任がかかっています。だから，トラブルが大きくなるまでに，管理職としての責任を果たす必要があります。学級経営や生徒指導，施設・設備の管理，職員のメンタルヘルスなど，日常の様々な場面で，管理職が相談に乗ったり指導したりフォローしたりすることが，管理職の責任です。日ごろは，そういった責任から逃れておきながら，いざ大きなトラブルになったときに，職員のミスや失敗に対して厳しく叱責するのは，「責任逃れ」以外のなにものでもありません。日ごろから，管理職の責任を意識しておかなくてはなりません。

求められた判断には、責任をもって回答する

　トラブルを起こした子の親に連絡するか否か，体調不良の子を下校させるか否か，遠足を中止するか否か，ケガをした子を病院に連れていくか否か……。管理職は，日ごろから様々な場面で，判断を求められます。判断を求められる事案の中には，対応の仕方によっては，大きなトラブルに発展しかねないものが，数多くあります。たとえば，職員から，自分の考えとは異なる意見が出たとします。不本意ながら，職員の意見に対して「GO」を認めた場合でも，認めた時点で管理職の責任の下での判断ということになります。後で，トラブルに発展しても，職員ではなく管理職が責任を負うことになります。**どのような形で判断を下しても，最終責任は自分にある**ことを意識しておかなくてはなりません。

職員の安心感は、学校を活性化する

　管理職の中には，職員に対して必要以上に管理的になる人がいます。過度に管理的な管理職の多くが，些細な事で嫌みに受け取られるような発言をしたり，威圧的な言動をとったりすることで，職員を管理しようとする傾向にあります。責任の重大さを理解している証拠ではありますが，あまりにも管理的な管理職の下では，職員が，安心して仕事に取り組むことができなくなってしまいます。子どもたちのために一致団結して協力し，支え合うことのできる職員集団をつくることが管理職の役割です。責任の重さを理解したうえで，過度に管理的にならず，的確な判断と指導をすることができる管理職の下で，職員は安心して仕事に力を注ぐことができます。責任感のある大らかな管理職の下で，学校を活性化することが可能になります。

> 学校においてすべての責任は，管理職が負うことになる。責任の大きさを意識したうえで，職員が安心して教育活動に取り組むことができる環境を整えるように心がけよう！

本物の優しさとは

　私が若い頃，勤務していた学校の校長先生は，穏やかで人当たりもよく，とても優しい方でした。しかし，自分の信念を貫く頑固さは超一流でした。当時，結婚して間もなかった私は，冬休みに新婚旅行を計画していました。旅行代金の都合で，冬休みに入る前日から有給休暇をとって旅行に行く予定を立てていました。つまり，二学期の終業式を欠席するということです。私は，当然の権利として，有給休暇をとることができると考えていました。

「中嶋先生。クラスの子に，誰が通知表を渡すのですか？」

　穏やかな表情と口調の中にも，「有給休暇は許可できない」という校長先生の意思を強く感じました。一時間ほど粘って説得したのですが，予想通り許可は下りませんでした。そのときは，校長先生を恨めしく思ったものです。

　しかし，個人的なことで終業式という節目の日を休むことは，担任としての責任を放棄することです。後になって冷静に考えてみれば，当時の校長先生の判断は，学校を管理する立場にある者として適切だったことが分かります。あのとき，私が二学期の終業式を欠席していれば，もしかすると，保護者からの批判を受けて，大きなトラブルになっていたかもしれません。おそらく校長先生は，私に恨まれることは分かっていたはずです。それでも，担任の責任を教えるため，後のトラブルを防ぐために，「恨まれ役」を買って出てくださったのです。私も，そのような管理職でありたいと，今は強く思っています。

第6章

チーム学校を実現！
職場関係を円滑にする
リーダーの
立ち居振る舞い

学校を活性化させるためには，
職場の人間関係が円滑であることが必須条件です。
協力的で意欲的な職場づくりのために，
管理職のリーダーとしての立ち居振る舞いが重要です。

気になる態度や言動は忘れる
穏やかに相手を包み込む余裕を

職員の中には，ぞんざいな言葉遣いや態度で接してくる者が少なからずいます。また，授業や生徒指導の様子を，さも「自分の力量がある」とひけらかすような自慢話をする教師もいます。少し気分が悪くなりますが，その気分をいつまでも引きずらないことが大切です。職員の気になる態度や言動は，「またですか」と軽く受け流して，穏やかな態度を保つ努力が大切です。

相手より上をいく努力を

　人間誰でも，機嫌の悪いときがあります。相手の態度にカチンときて，ぞんざいな言葉や態度で返すこともあるかもしれません。もし，相手があなたに対して，失礼とも受け取れる態度を取った場合，同じように失礼な態度で返すとすれば，あなたはその人と同じ土俵に上がるということです。ましてや，管理職という立場にありながら威圧的な態度で返すことは，相手にすれば「してやったり」となるでしょう。なぜなら，相手は何らかの憤りをあなたにぶつけて，あなたの気分を害することが目的だからです。たとえ職員があなたを怒らせるような態度をとってきても，**「あなたの攻撃など，まるでこたえていないよ」**と，平然と受け流さなくてはなりません。相手が冷静になったとき，きっとあなたに対する態度を振り返り，自ら反省するはずです。

職員の自慢話をしっかり受け止める

　職員室で，自身の実践を同僚に報告する教師の姿を，よく目にします。このような場合，その教師は，「すごい」という言葉を期待していると推察できます。中には，いつも自慢話をする教師や，それほど大したことではないことを自慢げに話す教師もいて，周囲が対応に困っているという場面をよく目にします。また，教師はプライドの高い人がほとんどですから，他の教師の実践を，「すごいね」「さすが」と言うことができない人が多くいます。

　教師は，自分のことを，周囲に認められたいと思っています。しかし，認められる場が極めて少ないのが現実です。ほとんどの教師が，特に管理職に認められたいと思っているので，しっかり話に耳を傾け，**「がんばってるね」の一言でもかけてあげる**ことが，管理職の務めです。

対決姿勢は，「自分の不足」と受け止める

　職員の態度に立腹して，威圧的な態度で臨んでいる管理職の姿を目にしますが，それは，管理職と職員とが対等になってしまっているからです。たとえば，管理職の意向に反対して，半ば感情的な意見をぶつけてくる職員がいたとします。それに対して「命令には従え」的なやり方をして，真っ向勝負に出ると，まとまるものもまとまらなくなってしまいます。もし，管理職が大人になって，少しでも職員の上に立つ意識をもてば，ぶつかり合うことは避けられるはずです。「先生の考えも納得できる」と，相手の気持ちに寄り添い，相手に冷静さを取り戻させることが必要です。まず，こちらの意見や立場を理解してもらう態勢になってもらうことが大切です。**職員との対立は管理職の不徳の致すところ**と，自身を振り返るようにしましょう。

> 職員の気になる態度にカチンとくることは多々ある。しかし，そこで感情的になれば，職員との溝が深くなるだけ。相手より上をいく気持ちを忘れずに，努めて穏やかに対応するようにしよう！

無理に話の輪に入らない
管理職とは孤独なもの

職員が子どもの話や趣味の話題で楽しんでいるのを見ると，一緒に楽しみたいと思うのが人情です。しかし，管理職が無理に輪の中に入ろうとすると，迷惑と思う人もいます。また，特に校長職は，学校運営に関わるすべてにおいて責任を負っています。最終決定は，校長一人が下さなければなりません。「管理職は孤独だ」ということを肝に銘じておきましょう。

職員と管理職は，「同僚」ではない

職員室では，管理職の机が前にあり，他の職員の机は向かい合わせでグループをつくる配置になっています。この座席に象徴されているように，管理職と職員との間には，一般企業と同じく上司と部下という垣根が存在します。職員と円滑な関係を結ぶことは大切ですが，上司と部下の区別は，しっかり意識しておかなくてはなりません。案外，管理職の方が，他の職員と比べて，上司と部下の区別を意識していないように思います。たとえば，職員が楽しく会話しているところに，管理職がむやみに割り込んでいくと，態度にこそ表しませんが，迷惑に感じることがあります。同僚との忌憚ない会話が，管理職の参入によって，趣が異なってしまいます。管理職が考えている以上に，**職員は，管理職を特別な位置づけで見ている**ことを心しておきましょう。

会話したいと思えば、自分から仕掛ける

　先にも書きましたが、職員は管理職との会話には、少なからず緊張感をもって臨みます。ですから、職員同士の会話の中に割り込んでいくことは、頻繁には行わないようにしなくてはなりません。しかし、管理職もかつては他の職員と同じ一教師でした。ですから、授業や学級経営、子どもの様子などを話題にして、職員と会話したいと願っていることでしょう。そこで、時折、子どもの様子や保護者のことなどを話題にして、職員と会話をする機会をつくるようにします。管理職から子どもや保護者について話題を提供することで、職員は「管理職の先生、子どもたちの様子をよく見てくれている」と同じ教師として会話できる雰囲気にもなってきます。

楽しい雰囲気は、自画自賛しながら遠くで味わう

　職員同士が楽しそうに仕事をしたり会話したりしている様子を、職員室の上座から見ていると、自分だけがのけ者にされた気分になって、寂しく思うことがあります。しかし、考え方を変えてみることが大切です。職員同士が教育や趣味について楽しく会話していることは、職場の雰囲気がよい証拠と言えます。もし、放課後、子どもが下校した後で、誰も職員室に戻ってこようとはしない。たとえ職員室に居ても、職員が事務的なことしか会話を交わさない。いつも職員室に、妙な緊張感が漂っている。そのような職員室の雰囲気であれば、大問題です。職員同士の楽しそうな会話は**些細な話題で盛り上がることのできる人間関係をサポートしてきた管理職の努力の賜物**と言っても過言ではありません。楽しく会話している姿を眺めながら、自分自身の学校経営・職員室経営を密かに自賛するのもいいかもしれません。

職員は、管理職が考えている以上に、上司と部下の関係を意識している。職員が楽しく会話しているところに、無理に割り込むことはせず、良好な職員関係を支援してきた自分自身をほめながら、雰囲気を楽しもう！

周りの評価は気にしない
評価に左右されると決断力が鈍る

人間であれば誰でも，他人からの評価は気になるものです。物わかりのよい人と思われたい。優しい人と思われたい。そう思わない人はいません。しかし，たとえ職員からよく評価されなくても，学校や子どものために，冷徹にならなくてはならないのが管理職です。職員や教育委員会などの評価ばかり気にしていると，誤った決断をすることになりかねません。

評価が気になるのは，「我が身可愛さ」

　人間ですから，自分に対する周囲の評価は気になって当たり前です。しかし，評価ばかり気にして，ある人によい顔をすることが，別の人を裏切ることにつながる場合もあります。評価を得たいがために，自身の考えを変えたり一貫性のない行動をとったりすると，逆に信頼を失ってしまいます。それは，うわべだけの人気取りであって，本当の評価ではありません。

　特に，管理職は，学校経営方針を決定して，学校運営のトップとして様々な決断を下していく責務を負っています。様々な意見をもっている，組織の職員すべてによい顔をすることなどできるはずがありません。自身の教育方針と良心に従って組織を牽引していけば，管理職としての手腕を認められ，教育者としての信頼を得るようになるはずです。

第6章　チーム学校を実現！職場関係を円滑にするリーダーの立ち居振る舞い

 決断に周囲の評価は無関係

　管理職の仕事は,「決断の連続」と言っても過言ではありません。職員からの些細な相談にも決断が求められます。「助言すべきか」「突き放すべきか」,決断しなくてはなりません。また,トラブルや保護者対応では,重要な決断を迫られることもしばしばです。学校経営方針,教師に対する指導,教育委員会との折衝……。決断しなくてもいい日など皆無です。特に,日常的な些細な決断を下すときほど,気持ちに余裕がある分,周囲の評価が気になるものですが,どんなに些細なことでも,決断するときに周囲の評価を気にしない心がけが必要です。周囲の自分に対する評価は,物事の決断とは全く無関係です。その時々の状況に応じて,**よりよい決断を下すためには,周囲の評価は不要なものどころか,かえって邪魔になるもの**と心得ておきましょう。

 評価されなくても誠実に仕事をする

　人からの評価によって,仕事に対してやる気や自信をもつことも,反対にやる気や自信を失うこともあります。確かに,人間は社会的動物ですから,他人からの評価は,仕事に限らず人間関係においても重要な位置を占めています。しかし,あまりにも他人からの評価ばかりにこだわると,仕事だけでなく,人生まで見誤ってしまいかねません。管理職の仕事,特に教頭職は,「縁の下」で学校を支える仕事をしています。誰に気づかれることも評価されることも少ない毎日を送ることになります。周囲の評価を仕事の基準にしていては,仕事がぞんざいになってしまうだけでなく,仕事の意義を見出すことができず,大切な時間を無駄に過ごすことになりかねません。たとえ評価されなくても誠実に仕事をする姿勢が大切です。

> 周囲の評価を気にしすぎると,決断が鈍る恐れがある。自身の信念を貫き,決断する責任を受け入れれば,評価は自ずとつくもの。他人からの評価にこだわり過ぎず,与えられた仕事に誠実に取り組もう！

職員室の状況把握に努める
職員のメンタルヘルスをマネジメントする

特に最近の教師は多忙です。社会・保護者のニーズに応えるために仕事量が増加したことに加えて，仕事の質もより高度で困難を伴うものになっています。2015年には，精神を患い休職する教師が，全国で5000人を超えました。教師という仕事の素晴らしさを味わってもらうために，職員のメンタルヘルス対策は急務になっています。

「リレーションシップ」が管理職の必須資質

　学校経営方針に従って，学校運営を円滑に行っていくためには，人間関係が円滑であることが必要です。職場の人間関係の良し悪しは，学校運営だけでなく，職員のメンタルヘルスにも大きく影響します。学級経営の責任が担任教師にあるように，職場の働きやすい環境づくりは，管理職の責任です。

　管理職対職員の関係づくりは言うまでもなく，職員対職員の関係づくりも，管理職のやり用によってよくもなれば悪くもなります。職員がどのような人間関係を築き，どのような雰囲気で働いているのかを把握して，必要に応じて改善する必要があります。そのためには，まず管理職が個々の職員とつながり，管理職が仲介人となって職員同士をつなげていくことが重要です。**管理職は職員のリレーションシップを築く重要な役割を担っています。**

「開かれた質問」に心がける

　悩みを抱えている職員のケアをすることは，管理職の重要な仕事の一つです。しかし，悩みを抱えている教師に対する声かけほど難しいものはありません。たとえば，「大丈夫？」という，悩みを抱えている人に対しては当たり前とも言えるような言葉であっても，相手にプレッシャーを与える言葉になってしまいます。ましてや管理職の言葉ですから，自分の不足を責められているように感じる人もいます。悩みを抱える職員への言葉がけは，たとえば，「最近，どう？」というような，相手が話したいことを話すきっかけをつくる質問，いわゆる「開かれた質問」が原則です。現在，教員評価システムが導入されていますから，こちらが思う以上に，管理職の言葉は職員にとって重く感じると，意識しておかなくてはなりません。

「援助希求」の職場づくりを目指す

　子どもの指導や保護者対応などで悩んでいる教師は，珍しくありません。しかし，私の経験上，いくら子どもの指導や保護者への対応が苦しくても，**職場の人間関係が良好であれば，精神的に参って休職にまで追い込まれることは少ない**と考えられます。そもそも，精神を患うほどの悩み事も，最初は些細な出来事から始まったはずです。問題が起きた早い段階で，職場の同僚や管理職に相談していれば，精神的に追い込まれるまでには至らないものです。ですから，大切なことは，日ごろから気軽にどんなことでも話すことのできる職場の雰囲気づくりです。些細な悩みや相談を口にすることができる，気楽に助けを求める（援助希求）ことができる職場づくりを，管理職がいかに進めるかが，効果的な職員のメンタルヘルス対策です。

> 年を追うごとに，仕事上の悩みを抱える職員が増えている。職員のメンタルヘルス対策は，管理職にとって喫緊の課題ととらえ，職場の円滑な人間関係づくりに力を入れていこう！

マイナス思考を払拭する
前向きなリーダーが明るい学校をつくる

現在の学校現場には，課題が山積しています。次々とやってくる課題への対応に心身ともに疲れてくると，「何をやってもダメかも……」「もっと質の高い教師がいたら……」などと，後ろ向きに考えてしまいがちになります。しかし，リーダーがあきらめて暗くなってしまえば，その組織は本当にダメになってしまいます。管理職は，常に前向きで明るくなくては務まりません。

学校を大好きになる

　自分が勤務している**学校を好きになることが，学校をよい方向に導き，子どもや職員を伸ばすための最大の方法**です。学校が好きということは，子どもや職員のことを好きということです。好きになれば，子どもや職員の弱点や不足を克服させるための仕組みづくりや指導にも，愛情と熱意が込もります。たとえ，子どもや職員が失敗しても，「成長の糧」「もっといい方法があるはず」と，前向きに考えることができます。管理職が学校や自分を好きでいてくれると分かれば，職員も子どもも期待に応えようと頑張るようにもなります。学校が好きという管理職が，明るく前向きな姿勢の学校をつくるのです。学校や子ども，そして職員をどのように評価するのかも，どのような姿勢で学校運営に臨むのかも，管理職の心持ちひとつにかかっています。

第6章　チーム学校を実現！職場関係を円滑にするリーダーの立ち居振る舞い

 職員の言動は，大らかにプラス思考で評価する

　管理職をしていると，机上やロッカーの整理，教材や備品の後始末など，些細なことが気になります。また，自分自身が直接子どもに指導する機会が少ないことで，職員の指導法や授業，子どもに対する言葉遣いなどが気になるものです。もしかすると，責任が自分にかかってくるというプレッシャーから，管理的になる人もいるかもしれません。しかし，ことあるごとに伝えれば，たとえこちらが正論で，その人のためだと思っていても，「細かいことで口うるさい」「監視されているようだ」と思われてしまいます。ここぞというときは，厳しく指導しなくてはならない場合もありますが，ある程度のことは，大らかに見てあげるくらいで丁度です。少々気が利かないのは大らかな証拠。整理整頓が行き届かないのは，子どもの指導に熱心で忙しいから……。プラス方向で職員を評価するように努力しましょう。

 ピンチをチャンスととらえる

　物事を前向きにとらえる人は，周囲が，「大ピンチ」と落ち込んでいるときも，決して悪い方向に考えません。最悪の事態を想定しながらも，冷静に次々と的確な対応をしていきます。その対応によって，たとえばクレームを申し立てていた親が学校を信頼するきっかけになったというような事が起こります。学校のリーダーである管理職には，**「ピンチをチャンスに変える」**力が必要です。組織のリーダーが暗く沈んでしまっては，解決できるものも，できなくなってしまいます。少々のピンチがやってきても，その状況を楽しむ，職員の団結が強まる機会になると思う，自分自身の経験と力量アップの糧になると考える……。それくらい前向きに構えることを目指しましょう。

> 前向きで明るいリーダーの下で，明るく活気あふれる学校がつくられる。管理職は，リーダーとして組織を活性化させるために，どんなときにでもプラス思考で物事を考えるようにしよう。

137

誇張や自慢をしない
自分を「大きく見せる」ことが評価を下げる

管理職になると，誰もほめてはくれません。特に縁の下の仕事に対しては，気づいてももらえません。管理職とて人ですから，人から「すごい」と認められたいものです。しかし，あからさまに自慢話をするのは避けなくてはなりません。他人の自慢話ほど聞きたくないものはありません。聞く人は，表向きは感心している素振りでも，内心は辟易としているものです。

上司の自慢話に頷かない部下はいない

　繰り返しになりますが，管理職が考えている以上に，職員は管理職を上司として意識しています。ですから，管理職に話しかけられれば，気を引き締めて耳を傾けます。指示に対しては，たとえ不満を抱いていても，従わなくてはならないと思っています。そのような関係にある管理職が，「自分は，こういうやり方でうまくやった」などと，自慢するような話を始めると，さも感心しているような態度で聞いてくれます。上司の自慢話に頷かない部下はいない一般企業と同じく，管理職の自慢話に頷かない職員はいないと考えて間違いありません。

　同僚の自慢話でもそうですが，特に管理職の自慢話ほど，不遜で見苦しいものはありません。管理職という立場をわきまえた言動が必要です。

「指導」と称しての自分自慢は，軽蔑対象

　職員を指導することも管理職の大切な役割です。しかし，何かと上から目線で，「こうしなくては，ダメだ」「こうやらないから，うまくいかないのだ」などと，いかにも，「自分ならうまくやれるのだよ」という指導をする管理職がいます。しかも，そのような人に限って，必ず多くの職員のいる前で，指導を始めます。周りで聞いている他の職員は，「また，自慢話が始まった」と思って聞いています。自分のやり方と比べる指導，相手を落とすような指導は，裏を返せば自慢するために行っていると取られてしまいます。「自慢が始まったよ」と，思われるくらいならよいのですが，場合によっては人間性を疑われ，嫌われ者になってしまう恐れさえあります。職員の指導をするときは，自己満足ではないか，本当に相手を思う気持ちで行っているか，しっかり自分の気持ちと向き合うことが必要です。

 ## 指導を求められる存在を目指す

　教師は，他人から評価される機会が少ない仕事です。そのため，実力がない人ほど，自分自身は「大したものだ」と勘違いしています。そして，周りの人が，「実力者だ」と認めてはいない人ほど，自慢する傾向があります。本当の実力者は，経験年数や年齢によって人を判断することはなく，その人の行動や言葉によって，「よいものはよい」「ダメなものはダメ」と判断することができます。その姿勢が，周囲の信頼を得ることになり，自ずと相談されたり指導を求められたりするようになります。自分から積極的に自分を売り込むような人に対しては，意見を求めたいと思う人はいません。職員から相談され指導を求められるよう，日ごろの行動に注意を払いましょう。

> 人の自慢を喜んで聞く人はいない。ましてや管理職の自慢は，どのように対応していいか職員を悩ませる。自己アピールするのではなく，職員に敬われ，指導や相談を求められる管理職を目指そう！

「頼られるべき」意識をもたない
日頃の姿勢で人は集まる

人は誰でも,「他人に頼りにされたい」という気持ちをもっています。管理職であれば,職員に頼りにされたいと思う気持ちが,人一倍強くなります。しかし,「職員は管理職を頼りにするべき」と考えてはいけません。その気持ちが強すぎると,些細な事にでさえも,「なぜ,私に報告しない。なぜ意見を求めない?」と,職員に対して不満をもつようになってしまいます。

 情報・相談が集まらないのは自分の不足と考える

　職員が管理職に報告や相談をするときは,学校全体で対応しなくてはならない事案や,問題が危機的な状況になっている場合であることが一般的です。

　日ごろから,あまり情報を提供してもらえないと感じているのであれば,職員が報告や相談をしに来ることができない(来る必要がない)理由があると考えるべきです。そして,その理由は,管理職である自分の側に問題があると考え,日ごろの言動を振り返ってみましょう。

　職員と良好な関係を築き,いざというときに的確な助言や指導,決定ができる人であれば,職員は,自然に様々なことを相談したり意見を求めたりするようになります。

多様な価値観を認める努力を

　最も，頼りたくない人，相談したくない人というのは，自分自身のものの見方や価値観を押し付けてくる人です。そして，自分の考えに異を唱える人を威圧的に攻撃する人です。いきなり，「それは間違っている」「私の考えたようにやれ」と言われれば，たとえその意見が正論であったとしても，相手には絶対受け入れられません。当然のことですが，30人の職員がいれば30通りの考え方が存在します。**人の上に立つ人は，それぞれがもっている個性や価値観を，一旦受け入れる度量**をもたなくてはなりません。自分の中には確固たる考えがあったとしても，「この人は，そのように考えるのだな」と，相手の価値観を認めたうえで，相手が納得することができるような方法で自分の考えを提示していく必要があります。

日ごろの些細な行動が「頼られる」管理職への道

　もし，些細なことで，職員から助言を求められることが度々あるという場合は，頼りにされている管理職になっていると考えて間違いありません。反対に，管理職の決断が必要な事案しか，報告や連絡がないというのであれば，職員から頼りにされてはいないと考えられます。頼られる管理職とそうではない管理職の違いは，日ごろの些細な言動によるものです。誰が見ているわけではないけれど，働きやすい環境づくりにいそしんでいる人，決して威圧的な態度を取らない人，日ごろから個々の職員に声かけを欠かさない人……。そのような人は，間違いなく職員から頼りにされる管理職になっていくはずです。自分ならどのような人物を頼りにするのかを思い描き，それを自身で実践していくことでしか，頼りにされる管理職への道はありません。

> 管理職だからと言って，「職員は管理職を頼りにするべき」と考えてはいけない。頼りにされる管理職になるために，職員の価値観や考え方を認めながら，日ごろから良好な人間関係づくりに努めていこう！

嫌われることを恐れない
自分に恥じなければ何も怖くない

学校経営方針の推進のために，反対意見を押し切って学校運営を行ったり，職員に対して耳の痛くなる指導を行ったりする場合が，時に必要になります。そのようなときには，職員から不平不満が出たり不信感をあらわにされたりして，胸が痛むこともあるでしょう。しかし，たとえそのときは嫌われようとも，確固とした信念があれば，怖いものはありません。

「鴻鵠の志」で仕事に取り組む

学校経営を推進するにあたって，まず第一に大切にしなくてはならないことは，「学校のためにベストな方法は何か」「子どもにとって大切なことは何か」ということでしょう。時には，職員の負担が増し，自分に対する不平不満が出ることも考えられます。しかし，それら自分に反発する声に負けて，全面的に職員の意見を受け入れたとなれば，「志のない管理職」「覚悟のない提案」と，逆に見限られる恐れもあります。

何かに挑戦するとき，相手に対して苦言を呈するときは，例外なく様々な問題は起きるものです。しかし，「本質・根本」が間違っていなければ，目の前にある問題などは些末なものに思えるはずです。学校を統括する管理職は，常に「鴻鵠の志」を忘れずにことにあたらなくてはなりません。

一貫した言動は必ず理解を生む

　たとえ，少々の不満や反発が出たとしても，学校教育がよい方向に進み，子どもが向上的に変容すれば，必ず理解者が現れ，信頼感も増してくるはずです。大切なことは，行き当たりばったりで方針をころころ変えたりせず，自分の考えを反古にするような言動をしたりしないことです。相手の意見を尊重し，誠意を持って対応することは必要ですが，決して相手におもねるような態度を見せることのないようにしなくてはなりません。一貫性を欠いた言動は，管理職としての姿勢を問われ，職員からの信頼を失ってしまいます。

　職員は，「聞き分けや人当たりはいいけれど，信念を感じさせず言動に一貫性のない管理職」より，「無愛想で何を考えているのか分からないが，信念を感じさせ言動に一貫性のある管理職」の方を，信頼するはずです。

 ## 嫌われ者になるのも管理職の務め

　ひと昔前ほど，管理職に対して，あからさまに反発や批判をぶつけてくる職員はいなくなりました。とは言え，心の中では，「職員のことを考えていない」「教育委員会の方ばかり向いて」と，不満を抱いている職員は，どの職場にも必ずいると思います。そう思われないような日ごろの言動が大切なことは言うまでもありません。しかし，それは，すべからく職員のためだけに行動せよというわけでは決してありません。学校は，子どもの成長のためにあることを忘れず，そのためなら万難を排してもやらなくてはならない場合もあるはずです。たとえ，嫌われ者の汚名を着せられたとしても，学校や子どものために，信念に従って行動する覚悟が，管理職には必要です。嫌われることを避けていては，管理職は務まりません。

> 学校教育の根本を忘れず，信念に従って行動していれば，たとえ批判や不満が出たとしても，恐れることはない。時には嫌われ者になることもあるが，それが管理職の宿命だと覚悟しよう！

指導すべきことは，しっかり伝える
職員のために叱る

他人に嫌われたいと思う人は，まずいません。できれば，職員と仲良く楽しく仕事をしたいと思います。しかし，円滑な学校運営のために，何より教育界を背負っていく人材を育成するために，教師を指導するのが管理職の務めです。そのためには，職員に対してあえて苦言を呈し，時には叱らなくてはならない場合も出てきます。

指導することから逃げない

　子どもの指導には自信をもっていても，相手が大人，しかも同じ職場の教師となると，どのように指導してよいのか迷うものです。指導することで，相手に嫌われはしないか。うるさい管理職だと思われはしないか。指導が本当にその人の役に立つのだろうか……。そういった思いが頭をよぎり，指導する機会を逸してしまったという経験は，管理職であれば誰にでもあると思います。相手が，若い教師であればまだしも，ベテラン教師であればなおさらです。相手は大人，しかもプライドをもった教師です。指導のやり方については，十分な配慮が必要です。指導の仕方，叱り方を工夫して，部下に不足があれば指摘し，指導するのが管理職の務めです。絶対に見逃してはならないことがあれば，指導することから逃げてはいけません。

指導する資格のある言動を心がける

　人に注意を受けたり叱られたりして，カチンとくる場合として，「自分はできていないのに，人には厳しい」というものがあります。確かに，理屈は正論で立派なことを口にしていても，実際に行動してはいない人の言葉には，説得力がありません。「おまえが言うな」と，反発心しか起きないのが人間というものです。「遅くまで勤務するのは止めよ」と言うのであれば，自らが仕事を効率よくこなし，時間を大切にする姿を見せる。「身の回りを美しく」と求めるなら，学校の環境整備に力を入れる姿を見せる。「授業を大切に」と願うなら，自身も授業を公開して学ぶ姿を見せる……。

　プライドの高い教師を指導する立場にある管理職には，**相手に「この人が言うのだから仕方ない」と，思わせる力が必要**です。そのためには，自らが率先して実行する姿を見せることしか方法はありません。

 ## 大人への叱り方技術を身に付ける

　教諭時代とは違い，指導し，叱る相手は，大人の教師です。子どもと同じようなやり方では，指導の効果がないだけでなく，疎まれ敬遠される恐れもあります。相手が大人であれば，それ相応の技術が必要です。たとえば，相手が，若手なら「先生ならできる」「きっと力になる」と期待感を伝え，ベテランであれば，「こうすれば…と思うのですが，どうでしょう」「よい方法を考えていただけますか」と，頼りにしていることを伝えるなどです。ダイレクトに「ここがダメだからこう直せ」では通用しません。まずは相手を思いやる気持ちを前面に出して伝え，期待しているから指導する，信頼しているから指導することを，相手に感じさせるような技術を学ぶ必要があります。

> 学校のため，子どものため，教師のために，伝えるべきことは，逃げないで指導しなくてはならない。効果的かつ人間関係を崩さないために，教師に対する指導技術の工夫に努めよう！

すべての職員に「見ている」と感じさせる
全員に必ず声かけをする

管理職は，職員室の担任です。職員の相談に乗ったり指導したりするためには，学級担任と同じように，職員一人一人の様子を観察して状態を把握することが必要です。安心して仕事に取り組み，やるべき仕事を進めるのも，すべての職員に，「管理職は自分を見てくれている。見られている」と，感じさせるよう，日々の関係づくりを意識的に進めましょう。

「安心できる」と同時に「歯止めになる」存在になる

　職員にとって，困ったときや迷ったとき，いざというときに頼りになる，安心できる存在が，職員室の担任である管理職です。また，誰でも煩わしいことから目を背けたいと思うことがあり，怠け心に負けそうになることがあります。しかし，誰かに見られていると思えば，頑張らざるを得なくなります。弱い心の歯止め役となるのも，管理職です。

　人は，自分を見ている誰かがいることで，安定した生活を送ることができます。相手が子どもと大人の違いはあるとしても，職員室の担任としての管理職の役割は，クラスの学級担任と通じるものがあります。ですから，やり方は「大人向け」に工夫する必要はあっても，学校と職員を好きになり，よいところを探して認めながら，成長に向けて導くことが必要です。

すべての職員を，一日一回はほめる

　教師も，子ども以上に，人から認められたいと思っています。その相手が管理職であれば，相当の満足感を得ることができます。ところが，相手は，大人の教師ですから，良好な関係を築くためには，子ども以上に粘り強く相手とコミュニケーションを取り続けなくてはなりません。相手のことを「苦手」「嫌い」と，こちらが思ってしまえば，その人との良好な関係を築くことは不可能です。良好な関係を築くためには，相手を認めるのが最も効果的です。考え方が異なる職員や気の合わない職員に対しても，敬遠したりせず，努めてよいところを見つけるようにしなくてはなりません。そのためにも，**「すべての職員に必ず声かけをして，一日一度はほめる」**という目標を課すようにします。円滑な人間関係は，毎日の地道な努力によってしか築くことはできません。

 ## 良好な人間関係が，効果的な指導を生む

　こちらが，指導が必要だと考え，学校や本人にとって，よかれと思って行った指導に対して，反発され人間関係を悪くさせる元になる場合が多々あります。それらの原因はすべて，良好な人間関係が築かれていなかったことにあると考えられます。人間は誰でも，信頼できる人の言葉は，素直に受け入れることができます。反対に，そうでない人の言葉は，たとえ正当なものであっても受け入れることができません。

　子どももそうですが，大人は一度人間関係が崩れると，修復不可能な確執が生まれてしまいます。職員に対する指導は，良好な人間関係がなければ，効果はありません。

> 管理職は，職員にとって「学級担任」と同じような存在。いざ指導するときになって，こちらの指導を受け入れてもらうことができるよう，日ごろから人間関係を良好に築く努力をしよう！

職場関係を円滑にする
リーダーの立ち居振る舞い

　教師の間で，「あの先生は，いい人だ」と言われている管理職は，穏やかで明るく，一緒に居て気楽で楽しい人ばかりです。決して，仕事の能力に長けていることが「いい管理職」という評価を受けるわけではありません。もちろん，仕事が全くできないというのでは話になりません。仕事がそこそこできなくては，職員に迷惑をかけることになり，信頼を得ることなどできませんから。しかし，極端に言ってしまえば，「人柄さえよければ，学校の管理職はOK」と評価されます。残念なことに，私の知っている人の中にも，仕事はできるのに職員からの評価が低い管理職の方がたくさんいます。

　この状況に鑑みて，私は次のように考えています。

> 　私も含めて，管理職になっているほとんどの人が，そこそこ仕事ができる人である。そうであるにも関わらず，よい評価を得られない人が少なくないのは，「人柄（人格）を磨くことを怠っている」からである

　残念なことに，周りから「教頭先生・校長先生」と持ち上げられて，いい気になってしまう人のなんと多いことか。特に，校長や教頭といった学校の管理職のほとんどが，元は教諭だった人達です。子どもの前に立って教えていた時代以上に，人を教える者にふさわしい考え方と行いを身に付けていく努力をしなくてはならないと思います。実は，管理職になって最も重要で最も難しいのが，「自分磨き」ではないかと思っています。

おわりに

　管理職を拝命して，管理職という役割の仕事をしてみて，強く感じることがあります。

　まず，一つは，「時間の大切さ」です。管理職になってから，教諭時代とは比べ物にならないほど，時間があっという間に過ぎ去ってしまいます。「光陰矢の如し」「歳月は人を待たず」と，古人は言っていますが，時間を「貴重な物」として意識して仕事していかなくては，毎日を惰性で生きてしまいかねないと，特に最近強く感じています。

　管理職になりたてのころ，毎日忙しく仕事に追われる中で，「自分は何のために仕事をしているのだろう」と，悩んだものです。その結果，「仕事」を，人生を充実させ豊かな生き方を実現するための「ツール」として活用しなくてはならないと，考えるようになりました。現在，私は，仕事に自分の人生を支配されてはいけないと思うようになりました。

　効率的な仕事の仕方を工夫することは，質の高い仕事につながります。その姿は，「部下からの信頼」や「部下に対する指導力」といった，管理職として必要な資質を磨くことにもつながります。

　そして，時間を節約することによって，心に余裕が生まれます。その余裕が，仕事以外の，家族サービスをしたり趣味を楽しんだりする，「豊かな時間」を生み出すことになります。

　私たちに与えられている時間には限りがあります。一分一秒たりとも，時間を無駄にしたくはないと思いませんか？

　もう一つ，管理職になって，考えるようになったことは，「人とのつながりの大切さ」です。

頭の中にある,「学校にとって必要と思う取り組み」や「子どもを伸ばすために必要と思う指導」を,具現化するためには,管理職だけの力では到底できるものではありません。組織を動かし学校運営を円滑に進めるためには,職員の理解と協力が必要絶対条件になります。上司と部下の関係とはいっても,みな同じ人間ですから,信頼関係と円滑な人間関係が基礎になっていなくては,質の高い学校づくり,質の高い教育を追求することはできません。

　私は,若いころ,「自分の力だけで質の高い学級経営を行うことができる」と,不遜な考え方をしていました。その考え方は大きな誤りなのですが,ある意味,一理はあると思っています。担任として一つの教室を任されたり,専科として授業を任されたりする立場であれば,学級経営力や生徒指導力,授業力などの「職人としての力量」を上げることで,質の高い仕事を行うことが可能です。他の教師との連携が少々不足していても,何とかやっていくことは可能です。

　ところが,本書で繰り返し述べたように,管理職は,そういうわけにはいきません。組織あっての管理職,職員あっての管理職と言っても過言ではありません。何かトラブルが起こるたびに,大きな行事があるたびに,管理職である校長と教頭の立てた方針を,具体的に遂行してくれる先生方がいるからこそ,学校運営が円滑に行われるのだと感じます。職員との信頼関係を築くためには,職員に対して,感謝の気持ちを持って接することが大切だと,日々実感しています。

　管理職になってみると,以前にもまして,「よいリーダー」とは何かということを意識するようになりました。私のような若輩者がリーダー論を語ることなどおこがましいとは思いましたが,「管理職の端くれとして言わせていただけるなら」と考えて,本書を書かせていただきました。

　末筆になりましたが,本書を出版するにあたり,明治図書編集部の林知里様には,大変お世話になりました。この場をお借りしてお礼申し上げます。

　　　2017年8月

中嶋　郁雄

【著者紹介】

中嶋　郁雄（なかしま　いくお）

1965年，鳥取県生まれ。1989年，奈良教育大学を卒業後，小学校の教壇に立つ。

「子どもを伸ばすためには，叱りが欠かせない」という主張のもとに，「『叱り方』研究会」を立ち上げて活動を始める。

教育関係者主催の講演会，そして専門誌での発表が主な活動だったが，噂が噂を呼び，大学や一般向けにも「心に響く叱り方」といったテーマで，セミナーを行うようになる。

新聞や経済誌などにも「叱り」について意見を求められるようになる。

主な著書に，『その場面，うまい教師はこう叱る！』（学陽書房），『教師の道標（みちしるべ）名言・格言から学ぶ教室指導』（さくら社），『叱って伸ばせるリーダーの心得56』（ダイヤモンド社），『「しなやかに強い子」を育てる：自律心を芽生えさせる教師の心得』（金子書房），『クラス集団にビシッと響く！「叱り方」の技術』，『新任3年目までに知っておきたい子どもがまとまるクラスづくりの技術』『授業も学級経営もガラッと変わる！「3分間」時間術』（以上，明治図書）など多数。

[本文イラスト] 松田美沙子

仕事に忙殺されないために
超一流の管理職が捨てている60のこと

2017年9月初版第1刷刊	©著　者	中　嶋　郁　雄
2023年6月初版第6刷刊	発行者	藤　原　光　政
	発行所	明治図書出版株式会社

http://www.meijitosho.co.jp
（企画）林　知里　（校正）足立早織
〒114-0023　東京都北区滝野川7-46-1
振替00160-5-151318　電話03(5907)6703
ご注文窓口　電話03(5907)6668

＊検印省略　　　組版所　藤原印刷株式会社

本書の無断コピーは，著作権・出版権にふれます。ご注意ください。

Printed in Japan　　　　ISBN978-4-18-258224-0
もれなくクーポンがもらえる！読者アンケートはこちらから→

叱りから逃げることは、教師という仕事を放棄することだ！

クラス集団にビシッと響く！「叱り方」の技術

中嶋郁雄 著

Ａ５判・144頁・1800円＋税　図書番号：1915

子どものことを真剣に考えていれば、時には厳しく叱ることも必要。ただし集団への叱りは、子どもの心理を理解していないと人間関係が悪化する危険も。叱られる子も、それを見ている子も、クラス全員に響く叱り方の技術を伝授。愛と技術のある叱りで子どもは成長します。

たかが３分されど３分。学校生活がうまくいく魔法の時間術

授業も学級経営もガラッと変わる！「３分間」時間術

中嶋郁雄 著

Ａ５判・144頁・1800円＋税　図書番号：2325

授業の開始にちょっと活動を入れるだけで４５分がスムーズに流れたり、ダラダラ子どもを注意せずサッと叱った方が効果があったり、時間の使い方に敏感になるだけで、授業も学級経営も劇的にうまく回りだします。無駄な時間はサヨナラ！有効な時間の使い方を伝授します。

トラブルをチャンスに！クラス集団をまとめる教師の技術

新任３年目までに知っておきたい　子どもがまとまるクラスづくりの技術

中嶋郁雄 著

Ａ５判・160頁・1960円＋税　図書番号：2084

クラスを育てるためには、強い「個」を育てることが不可欠である─学級担任としての心構えから、「個」の育て方・集団のまとめ方・保護者対応の仕方まで、子どもたち一人ひとりが本音で取り組み自信を持って輝く、規律あるクラスづくりのための技術が満載！

明治図書　携帯・スマートフォンからは **明治図書ONLINE へ**　書籍の検索、注文ができます。

http://www.meijitosho.co.jp　＊併記４桁の図書番号（英数字）でHP、携帯での検索・注文が簡単に行えます。

〒114-0023　東京都北区滝野川7-46-1　ご注文窓口　TEL（03）5907-6668　FAX（050）3156-2790